育英科技课程系列丛书

丛 书 主 编　于会祥
丛书副主编　梁秋颖

综合科学
学生自主探究成果集

主编　张　花
参编　李　佳

机械工业出版社
CHINA MACHINE PRESS

本书是"育英科技课程系列丛书"之一，是学生在完成《综合科学》《科学研究指南》学习之后，以自主探究思考与实践所取得的成果为主要内容的作品集锦。本书分自然科学篇、发明创造篇和生活调查篇3篇，遴选了不同年级学生在不同领域、不同项目学习之后自主探究的30个成果。本书中收集的成果，充分体现并尊重学生的原创精神，鼓励学生在日常生活与学习中自主探究与实践。

　　本书可为学习《综合科学》的学生在进行项目成果总结时，提供内容及格式参考；同时可作为对科学探究、发明创造、生活调查等感兴趣的同学自主学习、自主探究的素材资料；本书也可供撰写科学探究报告、生活调查报告、参加各类科技比赛的同学使用。

图书在版编目（CIP）数据

综合科学：学生自主探究成果集 / 张花主编.
北京：机械工业出版社，2024.7. -- （育英科技课程系列丛书 / 于会祥主编）. -- ISBN 978-7-111-76198-3
Ⅰ．G632
中国国家版本馆CIP数据核字第2024W7B081号

机械工业出版社（北京市百万庄大街22号　邮政编码100037）
策划编辑：熊　铭　　　　　责任编辑：熊　铭　彭　婕
责任校对：曹若菲　牟丽英　责任印制：张　博
北京联兴盛业印刷股份有限公司印刷
2024年8月第1版第1次印刷
184mm×260mm・12.5印张・201千字
标准书号：ISBN 978-7-111-76198-3
定价：59.00元

电话服务　　　　　　　　　网络服务
客服电话：010-88361066　　机　工　官　网：www.cmpbook.com
　　　　　010-88379833　　机　工　官　博：weibo.com/cmp1952
　　　　　010-68326294　　金　书　网：www.golden-book.com
封底无防伪标均为盗版　机工教育服务网：www.cmpedu.com

育英科技课程研究小组

组　长　梁秋颖

副组长　鲁婷婷

成　员（以姓氏拼音排序）

　　丁曼旎　李豆豆　李　佳　李玮琳　牛冬梅

　　强　荣　孙宇阳　徐　娟　薛　晖　野雪莲

　　詹　静　张　花　张婷婷　赵运华

丛书序

科学教育是关乎全局和未来的大事。回望历史，科学打开了人类进步的大门。如果没有科学，人类可能仍然行走在黑暗之中，整日忙于生计却仍难以果腹，更无法摆脱愚昧的枷锁。展望未来，新一轮科技革命和产业变革正在重构全球创新版图、重塑全球经济结构。科技进步不仅改变着我们所处的世界，也深刻影响着国家前途命运和人民生活福祉。中小学阶段是孩子成长的拔节孕穗期，也是树立科学信念、增强科学素养的关键时期，这一阶段对于深化拔尖创新人才早期培养、构建支撑科技自立自强的人才链具有重要意义。

如何做好科学教育，已经成为摆在每一所中小学学校面前的时代课题。2023年5月，教育部等十八部门联合印发了《关于加强新时代中小学科学教育工作的意见》，文件明确指出，推动中小学科学教育学校主阵地与社会大课堂有机衔接，提高学生科学素质，培育具备科学家潜质、愿意献身科学研究事业的青少年群体，培养社会主义建设者和接班人。

北京育英学校从西柏坡一路走来，在赓续红色基因的同时，将科学教育作为为党育人、为国育才的重要抓手，专门成立跨学科教研团队，汇集数学、物理、化学、生物学、劳动、历史、信息科技、科学等学科的优秀师资力量，持续推进科技课程建设，实施启发式、探究式教学，探索项目式、跨学科学习，成功走出了一条科学教育特色办学之路。2023年5月31日，习近平总书记在育英学校考察时指出，科学实验课是培养孩子们科学思维、探索未知兴趣和创新意识的有效方式。总书记希望同学们从小树立"科技创新、强国有我"的志向，当下勇当小科学家，未来争当大科学家，为实现我国高水平科技自立自强作贡献。

我曾经沿着总书记的足迹到育英学校调研，从学生农场到科学教室，从课程教学到校园文化，边走边看，边学边悟，深刻感受到科学教育在这里深深扎根、悄然开花的育人魅力。在育英学校，学生可以在农作物种植中学习科学，可以在过山车实验中探究科学，甚至在教学楼后面还专门设有一处名为"科技苑"的活动区，学生可以利用课余时间，通过声聚焦、比扭力等30余件科技互动室外实验装置体验科学……

在育英学校调研时，育英学校于会祥书记讲了一个发人深省的育人故事。十多年前，学校有一名学生，他从小就非常喜欢研究昆虫，立志成为中国的法布尔。然而，爱好昆虫的他却受到了个别教师的一些质疑，认为他不以学业为重，不务正业。学校为了更好地保护他的好奇心、探求欲，激励更多学生爱科学、学科学、用科学，专门为他建造了一间开展昆虫研究的实验室，并以他的名字来命名。学校的支持与鼓励极大地激发了他的科学热情，他率先成立了昆虫社团，并最终顺利考入了心仪的大学。如今，育英学校已经拥有100多个学生自主社团，其中42个是科技社团。科学的种子正在一批又一批的育英学子心中生根、发芽、开花、结果。

经过长期探索与实践，育英学校科学教育体系化建设取得了显著成效，科技课程设置、教学创新、资源开发、环境营建等浑然一体，"做中学""玩中学"蔚然成风。在此基础上，"育英科技课程系列丛书"应运而生。它绝不是一套浅尝辄止的资料汇编，而是一份凝结了师生智慧、历经实践检验的行动指南。它对于中小学学校在"双减"政策背景下如何做好科学教育加法具有重要的借鉴和指导意义。

"育英科技课程系列丛书"内容丰富，第一期共有9个分册，努力做到了课程与配套资源的互补，保证学生在课上和课下的学习都能得到全方位的支持。目前，育英学校将科技课程纳入课表，作为正式课程实施，面向每一位学生开展跨学科教学和实践育人活动，以师生行动助推科学教育不断完善和优化。

其中，《综合科学》有4个分册，重点关注学生怎么学，遵循"知—思—行—达"目标体系，以学生为主体，在内容和方法上培养学生的创新思维和创新能力。考虑到不同层次学生的学习需求，我们根据项目任务的难度和复杂程度对项目进行了分类，并依据解决每一个项目问题所用的思维方法确定主要的表现性任务，进阶地设计了不同级别的课程。在这一过程中，教师不仅是学习的指导者，还是学习过程的评估员。项目注重运用评价量规进行过程性评估和结果检测，以监督学生实实在在地开展综合性学习实践。

《科学研究指南》分册以科学研究的基本流程为内容，为学生进行自主探究提供帮助。整体框架以科学研究流程为基础，涵盖了提出问题、进行猜想与假设、制订计划与方案、收集与整理数据、分析与总结、得出结论、形成成果以及展示成果等环节。学生只需阅读全书并根据提示将思考记录下来，就能在不知不觉中完成一次完整的科学研究。

《综合科学　学生自主探究成果集》分册是在学生完成《综合科学》学习之后，以学生自主探究思考与实践所取得的成果为主要内容的30个作品集锦。

《初中数学建模》分册从初中数学内容出发，给出了15个数学模型案例，这些案例旨在培养学生运用数学语言描述实际问题，运用数学知识和信息技术手段分析和解决实际问题，从而激发学生数学学习和探究科学的内生动力，增强他们的科学创新能力。

《初中数学建模　学生自主探究成果集》分册是在学生完成《初中数学建模》学习之后，以学生自主探究思考与实践所取得的成果为主要内容的47个作品集锦。

《Python基础探究》分册由《Python基础探究　学习指南》和《Python基础探究　实践指南》组成，从学生的思维发展入手，引导学生去主动思考、构建逻辑、创新实践，让学生在自己的主动思考中获得成就。《Python基础探究　学习指南》以问题探究的方式引导学生带着疑问主动学习，在掌握基础知识的同时建立兴趣、厘清思维逻辑。《Python基础探究　实践指南》以项目实践的方式，引领学生带着知识和技术走进生活中的实际情境，探究使用计算机程序设计创造性地解决问题的方法。

"日出江花红胜火，春来江水绿如蓝。"科学教育的春天扑面而来，我们要抓住机遇、乘势而上，从育英学校的科技教育实践中汲取智慧、积蓄力量，因地制宜构建科技课程与资源体系，创新课堂教学方式，深入实施启发式、探究式、项目式学习，广泛开展丰富多彩的学生科技社团与兴趣小组活动，引导学生培养科学精神、增强科技自信自立、厚植家国情怀，编织当科学家的梦想，为中国式现代化提供有力的人才支撑。

中国教育科学研究院
曹培杰

前言

习近平总书记提出，要在教育"双减"中做好科学教育加法。青少年时期是树立理想、培养兴趣的关键期，激发青少年好奇心、想象力、探求欲，培养具备科学家素质、愿意献身科学研究事业的青少年群体，不仅必要，而且重要。加强科学教育是全社会共同的责任，学校是育人的主战地，课程是学生成长的跑道。科技人才自主培养是建设现代化强国的保障，赋予教育新的时代使命。作为教育者，我们需要思考如何加强课程内容与学生生活以及现代社会和科技发展的联系，关注学生的多元智力发展和对科技的学习兴趣。

综合科学课程面向全体学生，涵育素养，发展志趣特长，培养学生终身发展的必备品格和关键能力。学生在教育"双减"中通过综合课程的学习，实践出真知，如：学生在"设计制作摘果器""树坑的大千世界""给蘑菇一个'家'""设计制作科普桌游"等项目设置的真实情境下，结合兴趣特长，提出个性化的问题，采用观察、测量、实验、论证、推理、分析等研究方法，亲历研究过程，大胆提出并验证自己的假设，基于证据和逻辑获得新知，实事求是，追求创新。在探究实践中，不少育英学子都获得了自己的研究成果。

本书是学生进行综合性学习后有益尝试的成果集锦，是课程实施中学生创新思维、批判精神、责任担当意识的结晶。本书中收集的作品，充分体现并尊重学生的原创精神，鼓励学生在日常生活与学习中自主探究与实践。本书在一定程度上缓解了当下学生优秀探究实践作品案例欠缺的现状，同时对教师在素养导向下的跨学科综合性课程的教学起到了互补的作用，进而促进了学生创造性学习和教师专业发展！

最后，我要诚挚地感谢为本书中成果进行指导和点评的老师，她们是：陈咏梅、李豆豆、李玮琳、鲁婷婷、欧阳红霞、孙宇阳、吴芳、野雪莲、张莉娜、庄美娟、詹静、张健美、张婷婷、张艳君等，感谢她们为作者提出的宝贵意见与尽心尽力的指导！

目录

丛书序

前言

第 1 篇　自然科学篇　　　　　　　　　　　　　　　　1

成果 1　湿度对面包发霉速度的影响　　　　　　　　　2

成果 2　探究家庭花卉瓶插的延长保鲜方法　　　　　　5

成果 3　关于面团发酵与酵母量关系的研究　　　　　　13

成果 4　不同种类的糖是否会对制作面包产生影响　　　17

成果 5　白糖量对馒头质量影响的研究　　　　　　　　21

成果 6　关于不同温度下面团发酵的探究　　　　　　　24

成果 7　探究防止土豆"黑化"的小妙招　　　　　　　28

成果 8　有关使用纸吸管喝可乐的些许有趣探究　　　　34

成果 9　关于市面售卖饮用水（饮料）水质的研究　　　43

成果 10　探究棉质织物上常见污渍的有效清洗方法　　49

成果 11　细菌和真菌怕什么——用不同方法为
　　　　　橱柜除菌效果的比较研究　　　　　　　　　53

第2篇　发明创造篇　　　　　　　　　　　　　63

成果12　不再"作茧自缚"的蚕宝宝——养蚕
　　　　实践中的创新探索　　　　　　　　64
成果13　自制酒精消毒皂　　　　　　　　　71
成果14　利用多种材料制作全息投影仪　　　76
成果15　天气之瓶——风暴瓶　　　　　　　83
成果16　菌包不同开口方式对蘑菇产量影响
　　　　研究报告　　　　　　　　　　　　90
成果17　不同材质的双层结构隔音效果考察　95
成果18　瓶盖桌游　　　　　　　　　　　　101
成果19　多功能电动清洁刷的设计与制作　　105
成果20　制作Wi-Fi天气时钟　　　　　　　115
成果21　虫虫进化论——虫虫进化桌游　　　120
成果22　当"老古董"遭遇了"小拆客"　　123
成果23　电饭锅拆解探秘　　　　　　　　　128
成果24　体脂秤的构造和工作原理初探　　　132

第3篇　生活调查篇　　　　　　　　　　　138

成果25　关于北京市海淀区完善全民健身场地设施
　　　——篮球场的调查研究　　　　　　　139

成果26　关于电动自行车驾乘人员佩戴头盔情况的
　　　调查和建议——以北京市海淀区万寿路与
　　　复兴路交叉路口调查为例　　　　　　147

成果27　关于城市居民节水情况的社会调查　　154

成果28　北京市海淀区义务教育阶段学生
　　　新技术学习情况调研——以某九年
　　　一贯制学校为例　　　　　　　　　169

成果29　对北京市某小区垃圾分类的优化方案
　　　设计与研究　　　　　　　　　　　176

成果30　关于完善视力障碍人士公共设施的
　　　社会实践活动　　　　　　　　　　183

第 1 篇

自然科学篇

成果 1　湿度对面包发霉速度的影响

崔齐家

研究背景

据联合国粮食及农业组织（简称"粮农组织"）发布的《2019年世界粮食安全和营养状况》报告的统计，全球每年生产的食物中有1/3被丢弃或浪费掉，相当于13亿吨的粮食，约合10000亿美元的经济成本、7000亿美元的环境成本以及9000亿美元的社会成本。与此形成鲜明对照的是，全球还有大量的极端贫困人口营养得不到保障。联合国发布的《2023年世界粮食安全和营养状况》报告中指出，2022年全球饥饿人数中位数高达7.35亿，较新冠疫情暴发前2019年的6.13亿基础上增加1.22亿。

强烈反差背后是全球购买力不均衡的现实，联合国粮农组织的一项研究显示，最贫困的地区消费者浪费食物的程度很低，每年每人约10kg，而在高收入国家，这个数字超过了100kg。

有关数据显示，发达国家每年超过2.4亿片面包被丢弃，590万杯牛奶被倒进水槽，一年中丢掉约580万个土豆。

粮食浪费现象如此严重，是我们非常值得思考的一个问题。减少食物浪费，需要从多方面进行思考和分析。保存、运输、消费的时候都会产生浪费，经过综合的分析，我们要想缓解食物浪费现象，只能[一]从保存方面入手。

[一] 文后教师有点评。

研究过程

1. 实验准备

提出假设：我猜测，当湿度变低（干燥）时，则面包的发霉速度将会变慢。

自变量：改变面包湿度——在其中一片面包上滴10滴水。

因变量：收集两片面包在固定时间内的霉菌落大小。

常量：让两片面包的温度、厚度和大小等保持一致。

2. 实验材料

厚度、大小完全相同的两片面包，两块同样大小的霉菌落，两个盒子，清水，1个滴管。

3. 实验步骤

（1）拿出刚才准备好的面包，然后将两块面包放在盒子中，接着在两块面包中间各放一块大小相同的霉菌落，如图1-1所示。

图 1-1

（2）取出滴管，在其中一块面包上滴10滴水，如图1-2所示，另一块面包则保持干燥。

图 1-2

（3）盖上盖子，将两个盒子放在常温的地方静置，如图1-3所示。

图 1-3

研究结论

根据表1-1可以得出结论：干燥常温的面包发霉速度明显比潮湿常温的面包发霉速度慢很多。因此在进行食品包装的时候，要尽量让面包更干燥，这样更便于保存。

表 1-1

天数	第一块面包（干燥常温）	第二块面包（潮湿常温）
第一天	正常	正常
第二天	正常	正常
第三天	正常	有些发黑
第四天	正常	多了一点霉菌
第五天	正常	霉菌更多了
第六天	正常	霉菌覆盖面积变大
第七天	多了一点霉菌	霉菌覆盖半块面包

研究反思

通过实验探究，我发现干燥的面包不容易发霉，并用真实的实验验证了我的猜想，我为此感到很开心。但是在该实验中，我在实验设计方面仍有不足之处：

（1）只拍摄了刚开始实验时的面包图片，没有拍实验后的面包图片，导致没有直观对比图。

（2）考虑问题不全面，选用面包时，未研究不同种类的面包发霉速度是否与湿度有关。

在今后的实验中，我争取把所有的数据都记录完整，同时多方面考虑影响实验结果的条件。

教师点评

"湿度对面包发霉速度的影响"这一选题契合当下粮食浪费的实际问题，提出了优化食品包装来减少粮食浪费的思路，具有现实意义。研究者运用控制变量的策略，具体提出了改变湿度这个变量，使温度等外界环境不变来探究湿度对面包发霉的影响，具有可操作性。同时，如果实验最终结果用照片记录下来，会更直观。建议研究背景部分优化、精简语言，例如将"我们要想缓解食物浪费现象，只能从保存方面入手"修改为"我们要想缓解食物浪费现象，可以从保存方面入手"。

成果2 探究家庭花卉瓶插的延长保鲜方法

冯沐恩

研究背景

妈妈喜欢插花，我每次周末和妈妈一起买菜，都会挑一捧鲜花带回家。回家后妈妈把每枝花去掉一部分叶片，枝末端再剪个斜切口，然后妈妈让我给大花瓶里装些水，用来插花。我一边接水一边想，需要多少水呢？是每个花枝都能接触到水就行呢，还是需要多一些水呢？我提出这样的问题后，妈妈也说她从来没考虑过这个问题，我可以研究一下。

研究过程

1. 实验材料

月季和郁金香两种花各4枝，装了水的水瓶4个。

2. 实验步骤

每枝花枝末端剪出斜切口，保留上部两片叶片，分别在液面高度为5cm、10cm、15cm和20cm的水瓶中培养。每天换水并记录花朵直径以及枯萎、半干、缺水、正常的花瓣数量，如图2-1～图2-3所示。

图 2-1

图 2-2

图 2-3

3. 实验数据

我得到的数据见表2-1。

表 2-1

天数	项目	5cm液面高度		10cm液面高度		15cm液面高度		20cm液面高度	
		月季	郁金香	月季	郁金香	月季	郁金香	月季	郁金香
第一天	花朵直径（cm）	6	4	6	4	6	3	6	4
	正常花瓣数（瓣）	33	14	36	19	31	18	39	20
	缺水花瓣数（瓣）	2	0	4	0	2	0	1	0
	半干花瓣数（瓣）	2	0	3	0	1	0	2	0
	枯萎花瓣数（瓣）	0	0	0	0	0	0	0	0
第二天	花朵直径（cm）	6.2	4	6.4	4.8	7.5	4	7	4.5
	正常花瓣数（瓣）	32	13	36	18	31	18	39	20
	缺水花瓣数（瓣）	2	1	3	1	2	0	1	0
	半干花瓣数（瓣）	3	0	4	0	1	0	2	0
	枯萎花瓣数（瓣）	0	0	0	0	0	0	0	0
第三天	花朵直径（cm）	7	5	7	5	9	4.5	7.6	6
	正常花瓣数（瓣）	32	13	36	17	31	18	39	20
	缺水花瓣数（瓣）	2	1	3	2	2	0	1	0
	半干花瓣数（瓣）	3	0	4	0	1	0	2	0
	枯萎花瓣数（瓣）	0	0	0	0	0	0	0	0
第四天	花朵直径（cm）	6.5	7	7	6.5	9	6.8	8	6.5
	正常花瓣数（瓣）	28	13	36	17	31	18	39	17
	缺水花瓣数（瓣）	6	1	3	2	2	0	0	3
	半干花瓣数（瓣）	2	0	4	0	1	0	3	0
	枯萎花瓣数（瓣）	1	0	0	0	0	0	0	0
第五天	花朵直径（cm）	5	8	7	8.5	9	8.5	8	6
	正常花瓣数（瓣）	花茎断，整朵花枯萎	13	36	17	31	18	39	15
	缺水花瓣数（瓣）		1	3	2	2	0	0	3
	半干花瓣数（瓣）		0	4	0	1	0	3	0
	枯萎花瓣数（瓣）		0	0	0	0	0	0	2

（续）

天数	项目	5cm液面高度		10cm液面高度		15cm液面高度		20cm液面高度	
		月季	郁金香	月季	郁金香	月季	郁金香	月季	郁金香
第六天	花朵直径（cm）	4	7	7	9	9.5	9	8	6
	正常花瓣数（瓣）	花茎断，整朵花枯萎	7	36	17	31	18	31	4
	缺水花瓣数（瓣）		3	3	2	2	0	6	3
	半干花瓣数（瓣）		1	4	0	1	0	2	7
	枯萎花瓣数（瓣）		3	0	0	0	0	3	6

4.数据分析

（1）花朵直径的变化。

月季花朵直径的变化，见表2-2，如图2-4所示。

表 2-2

天数	5cm液面高度 花朵直径（cm）	10cm液面高度 花朵直径（cm）	15cm液面高度 花朵直径（cm）	20cm液面高度 花朵直径（cm）
第一天	6	6	6	6
第二天	6.2	6.4	7.5	7
第三天	7	7	9	7.6
第四天	6.5	7	9	8
第五天	5	7	9	8
第六天	4	7	9.5	8

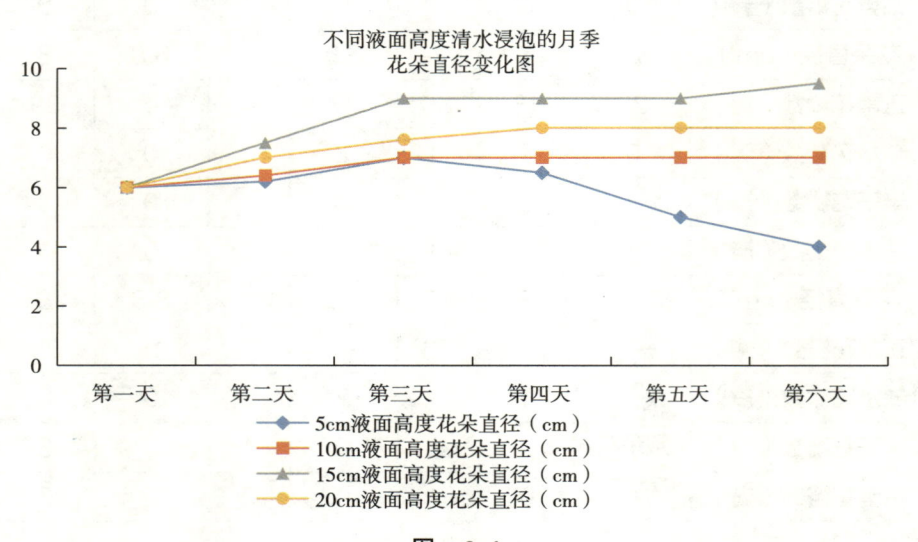

图 2-4

郁金香花朵直径的变化，见表2-3，如图2-5所示。

表 2-3

天数	5cm液面高度 花朵直径（cm）	10cm液面高度 花朵直径（cm）	15cm液面高度 花朵直径（cm）	20cm液面高度 花朵直径（cm）
第一天	4	4	3	4
第二天	4	4.8	4	4.5
第三天	5	5	4.5	6
第四天	7	6.5	6.8	6.5
第五天	8	8.5	8.5	6
第六天	7	9	9	6

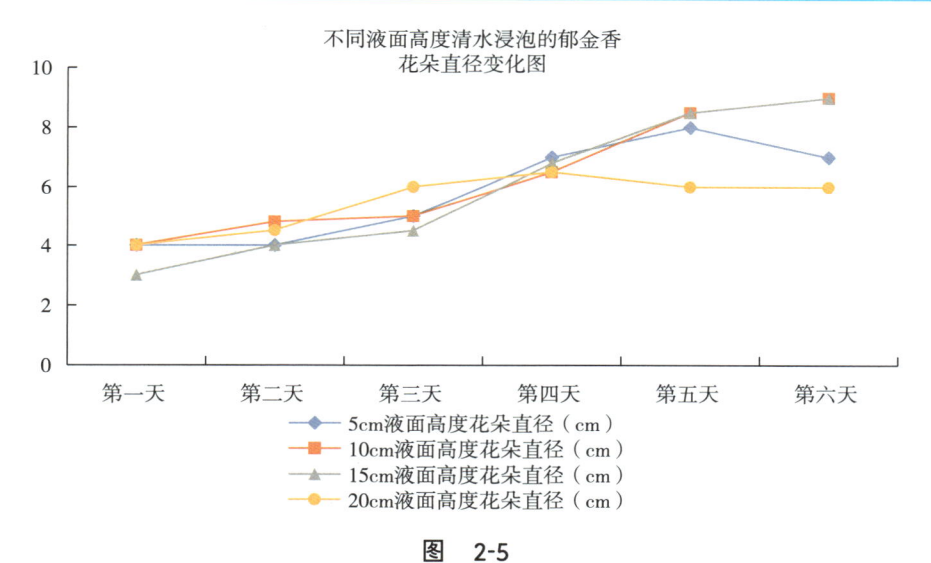

图 2-5

（2）花朵正常花瓣数量的变化。

月季正常花瓣数量的变化，见表2-4，如图2-6所示。

表 2-4

天数	5cm液面高度 月季正常花瓣数（瓣）	10cm液面高度 月季正常花瓣数（瓣）	15cm液面高度 月季正常花瓣数（瓣）	20cm液面高度 月季正常花瓣数（瓣）
第一天	33	36	31	39
第二天	32	36	31	39
第三天	32	36	31	39
第四天	28	36	31	39
第五天	0	36	31	39
第六天	0	36	31	31

不同液面高度清水浸泡月季
正常花瓣数量变化图

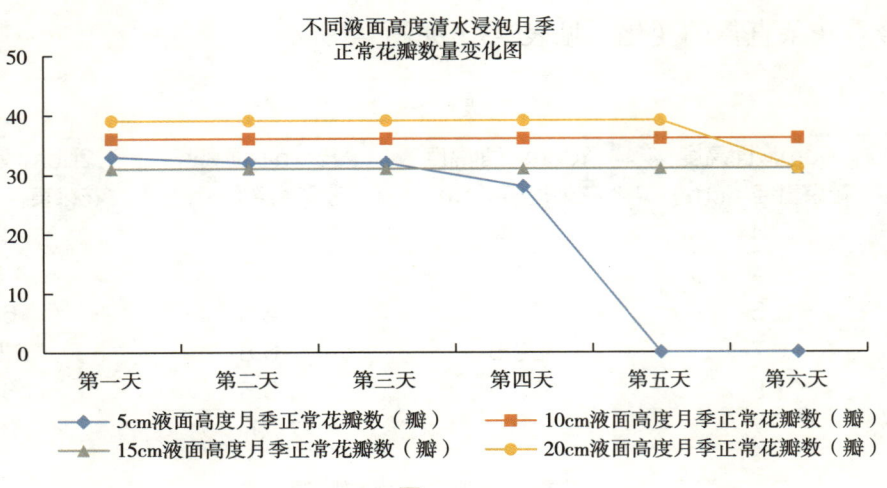

图 2-6

郁金香正常花瓣数量的变化，见表2-5，如图2-7所示。

表 2-5

天数	5cm液面高度郁金香正常花瓣数（瓣）	10cm液面高度郁金香正常花瓣数（瓣）	15cm液面高度郁金香正常花瓣数（瓣）	20cm液面高度郁金香正常花瓣数（瓣）
第一天	14	19	18	20
第二天	13	18	18	20
第三天	13	17	18	20
第四天	13	17	18	17
第五天	13	17	18	15
第六天	7	17	18	4

不同液面高度清水浸泡的郁金香
正常花瓣数量变化图

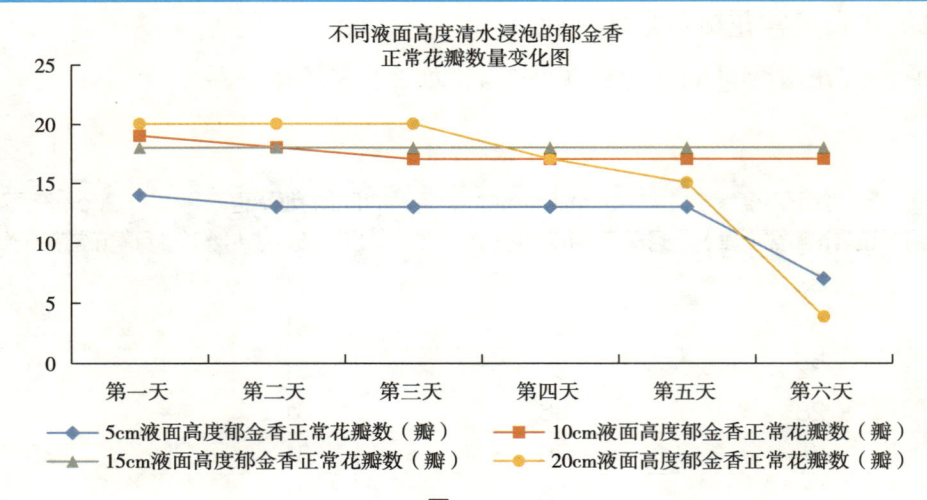

图 2-7

（3）花朵不健康（枯萎、半干、缺水）花瓣数量的变化。

月季不健康花瓣数量的变化，见表2-6，如图2-8所示。

表　2-6

天数	5cm液面高度月季不健康花瓣数（瓣）	10cm液面高度月季不健康花瓣数（瓣）	15cm液面高度月季不健康花瓣数（瓣）	20cm液面高度月季不健康花瓣数（瓣）
第一天	4	7	3	3
第二天	5	7	3	3
第三天	5	7	3	3
第四天	9	7	3	3
第五天	37	7	3	3
第六天	37	7	3	11

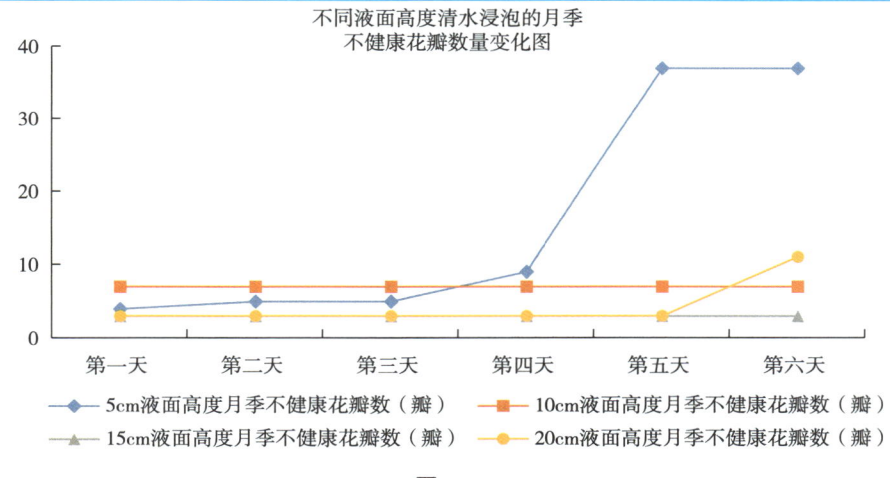

图　2-8

郁金香不健康（枯萎、半干、缺水）花瓣数量的变化，见表2-7，如图2-9所示。

表　2-7

天数	5cm液面高度郁金香不健康花瓣数（瓣）	10cm液面高度郁金香不健康花瓣数（瓣）	15cm液面高度郁金香不健康花瓣数（瓣）	20cm液面高度郁金香不健康花瓣数（瓣）
第一天	0	0	0	0
第二天	1	1	0	0
第三天	1	2	0	0
第四天	1	2	0	3
第五天	1	2	0	5
第六天	7	2	0	16

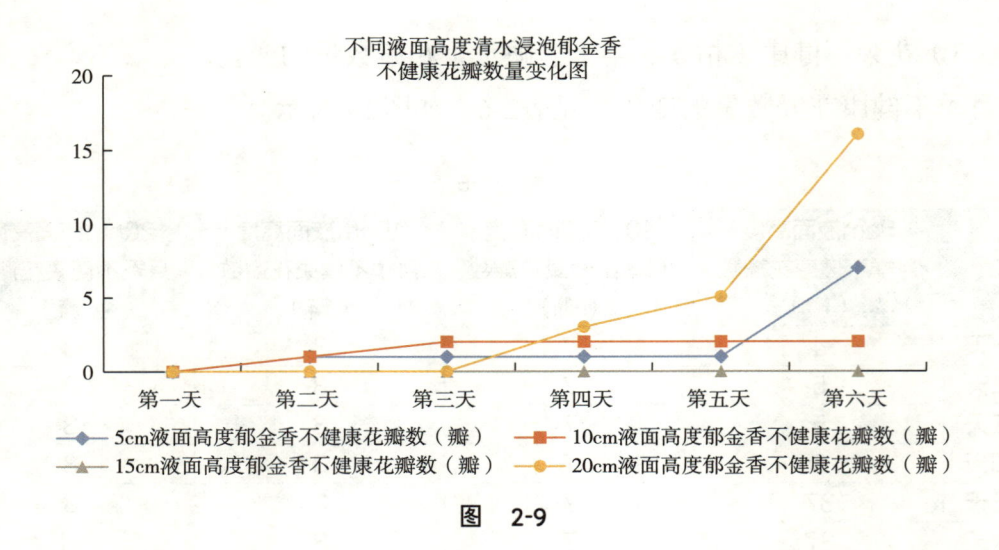

不同液面高度清水浸泡郁金香
不健康花瓣数量变化图

图例：
- 5cm液面高度郁金香不健康花瓣数（瓣）
- 10cm液面高度郁金香不健康花瓣数（瓣）
- 15cm液面高度郁金香不健康花瓣数（瓣）
- 20cm液面高度郁金香不健康花瓣数（瓣）

图 2-9

依据上述图表数据对比可见：

（1）15cm和20cm液面高度的清水能够让月季快速增大花朵直径，使其达到盛放状态。

（2）5cm液面高度水瓶中的月季，不仅花朵大小没有显著变化，还在第四天开始进入衰败期；20cm液面高度水瓶中的月季，在前五天都保持了良好的状态，但是第六天开始进入衰败状态。

（3）四种液面高度水瓶中的郁金香在前四天花朵直径的增长幅度差异都不大，但是20cm液面高度水瓶中的郁金香在第四天开始衰败，第六天衰败速度明显加快。

研究结论

（1）通过实验得知不同液面高度的清水对插瓶花卉的保鲜确实有影响，不同花卉适宜水面高度的情况也有差异。

（2）15cm液面高度的清水可以让月季花快速绽放并保持长时间的新鲜状态。

（3）10cm和15cm液面高度的清水则可以既让郁金香快速绽放又让其保持长时间的新鲜状态。

研究反思

通过查阅资料，我认为月季花的茎质地紧密，不能仅靠毛细现象进行水分吸收，还需要有一定液面高度，以便利用连通器原理，帮助其水分传输；而郁金香的茎质地松软，导管比较粗，就不需要高水位提供压力来帮助其水分传输。相反高水位还会影响郁金香的呼吸作用，从而影响它的保鲜期。但是实验后，我才发现我插花用的水瓶没有做到完全相同，可能也会影响实验结果，在今后的实验中，我一定要注意实验的条件控制。

教师点评

我们在做实验探究时，通常比较容易确定实验中的变量，但是往往忽略如何去"量化"变量，导致我们在做实验时不知道观察什么变化，收集什么数据。冯沐恩在这个问题上给我们做出很好的示范，他用花朵直径和花瓣数量来表示鲜花情况，并记录了6天内的数据变化，这为实验结论的得出提供了客观准确的证据。本篇成果是一篇非常完整、优秀的探究报告。同时，研究者在研究反思中，提出了实验用的瓶子不一样，是否会影响实验结果的新问题，值得表扬。

成果3 关于面团发酵与酵母量关系的研究

唐子皓

研究背景

我们在项目研究中，主要研究改变馒头配方中的一种成分将如何影响馒头的味道和质地。

馒头中最重要的两种成分是酵母和面粉。酵母是一种活的单细胞微生物，它消耗糖和淀粉，并在发酵的过程中将二氧化碳作为废物排出。当酵母与面粉加水后混合在一起时，二氧化碳（酵母进行细胞呼吸产生的废物）被困在面粉中。这会产生气囊，使馒头具有轻盈蓬松的质地。还有其他成分在制作馒头的过程中起着重要作用。水用于激活酵母并允许它开始发酵，酵母以糖分子为食并释放二氧化碳作为废物。它还用于将面粉和其他成分一起揉成可烹饪的面团。本实验旨在通过调整酵母量，观察面团发酵的效果及蒸熟后馒头的口感，以解释面团发酵效果与酵母量的关系。

研究过程

1. 实验假设

如果在发面时增加酵母量，那么馒头会变得更大更软。因为酵母菌繁殖过程中会产生大量的气体，气体积攒多了，就会把面团撑出一个个空洞来，空洞越多，面团就越大，所以发酵后的面团就会出现大量的蜂窝状空洞。空洞越多，说明发酵情况越好。酵母菌是兼性厌氧菌，在有氧的情况下，它把糖分解成二氧化碳和水；在缺氧的情况下，酵母菌把糖分解成酒精和二氧化碳。无论是有氧还是无氧的情况下，这一过程都会产生二氧化碳，二氧化碳受热膨胀，将小细孔撑得更大，所以面团就变大了。

2. 实验材料

400g面粉，3.5g酵母，240g水，1个电子秤，4个碗，保鲜膜，如图3-1所示。

图 3-1

3. 实验步骤

（1）实验分4组：无酵母组，0.5g酵母组，1g酵母组，2g酵母组。

（2）用电子秤称重，将面粉平均分为4份，每份100g。酵母分为3份，每份分别为0.5g、1g、2g。水平均分为4份，每份60g。

（3）往碗里加水，搅拌酵母直至溶解。

（4）将酵母水倒入面粉中，把面团揉好。

（5）裹上保鲜膜密封，发酵1h（室温30℃左右），如图3-2所示。

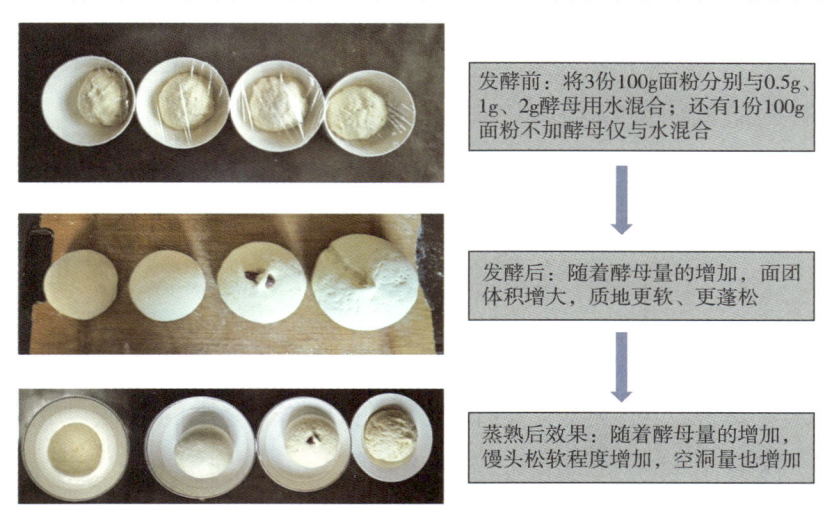

发酵前：将3份100g面粉分别与0.5g、1g、2g酵母用水混合；还有1份100g面粉不加酵母仅与水混合

发酵后：随着酵母量的增加，面团体积增大，质地更软、更蓬松

蒸熟后效果：随着酵母量的增加，馒头松软程度增加，空洞量也增加

图　3-2

4. 实验数据

收集到的数据见表3-1。

表　3-1

	面团一	面团二	面团三	面团四
酵母量（g）	0	0.5	1	2
面团变化（未蒸）（外形）	无变化	变大，外表有空洞	明显变大，较多空洞	明显变大，很多空洞
面团变化（未蒸）（手感）	软，很黏	软	很软	很软
馒头变化（口感）	很硬	适中	适中（软一些）	软

研究结论

从表3-1来看，酵母的量越多，馒头越大，口感越软。因为酵母菌繁殖过程中会产生大量气体，气体攒多了，就会把面团撑出空洞，空洞越多，面团就越大，所以发酵好的面团就会出现大量空洞。但是需要注意的是，并非酵母量越多越好，酵母量较多的组，口感略微带有酸味，由此推断，如果酵母量过多，可能会影响食物口感。同时，面团发酵的时间、温度，水分的多少也可能会影响到面团的软硬或大小，为此，可以在今后实验中，通过调节温度、发酵时间、水量，看面团受何影响。

研究反思

由研究结论可以看到，酵母量越多，馒头越大，口感越软。但是此时的馒头虽然大，但是不成形，不美观。因此我们在日常蒸馒头的时候，可以根据自己的口感需求，探究出面粉量与酵母量的关系。

教师点评

在生活中制作发面食物，如馒头、包子等，如何调节酵母的使用量？酵母使用量对面团发酵效果的影响是源于生活的一个科学选题，具有实际意义。科学研究源于问题，本研究的问题是什么？应该是酵母使用量对面团发酵效果的影响。我们期待看到的研究成果是：相同温度、湿度等外在条件下酵母使用量有一个建议最优量，并且研究者可以就酵母和面粉的最优配比给出合理的解释。这里的结论可以综合考虑面团的变化、蒸熟后的蓬松度以及口味。本研究可以继续完善，争取给读者呈现一个具有实际意义的参考比例或数值。

成果 4　不同种类的糖是否会对制作面包产生影响

孙若溪

研究背景

我们在项目研究中，主要研究改变馒头配方中的一种成分将如何影响馒头的味道和质地。

馒头中最重要的两种成分是酵母和面粉。酵母是一种活的单细胞微生物，它消耗糖和淀粉，并在发酵的过程中产生二氧化碳，使馒头具有轻盈蓬松的质地。水用于激活酵母并允许它开始发酵，而糖是酵母赖以为食的主要化合物。糖在面包的发酵过程中起着不可替代的作用，如调节口味、发酵、改进性能、增加保质期等。我们日常接触到的糖有不同的种类，该实验旨在探究不同种类的糖在面包制作过程中对面包品质的影响，以便了解不同种类的糖是否对制作面包有影响，这些影响包括面团发酵大小、面包口感、味道甜度等[一]。

研究过程

1. 实验原理

在面包制作过程中，糖的作用不仅仅是提供甜味，它还可以促进面团的发酵，增加面团的柔软度和膨胀度，并影响面包的色泽和口感。不同种类的糖在加热过程中会产生不同的反应，从而影响面包的品质。

2. 提出问题

不同种类的糖是否在面包制作过程中产生影响。

一　文后教师有点评。

3. 提出假设

不同种类的糖对面包的口感、松软度、味道、甜度、表面色泽度均有影响。

4. 实验材料

常量： 高筋面粉400g，酵母20g，盐8g，牛奶200mL，黄油100g，鸡蛋4个。

自变量： 糖40g（白砂糖、绵白糖、木糖醇、红糖各10g）。

因变量： 面团发酵的质量和形状大小、面包口感、松软度、甜度、味道、表面色泽度。

可参考图4-1准备部分材料。

实验用具： 大碗4个，面盆1个，烤箱和烤盘，保鲜膜等。

图 4-1

5. 实验步骤

（1）搅拌面团：将面粉、酵母、盐、牛奶、黄油、鸡蛋混合，加入水，搅拌至均匀成面团。

（2）分组：将面团平均分为4份，分别加入白砂糖、绵白糖、木糖醇、红糖。

（3）揉面：将每份加入相应糖的面团，按揉约15min，至面团光滑、柔软。

（4）发酵：将每份面团分别放入大碗中，盖上保鲜膜，发酵约1h，观察比对面团发酵大小。

（5）制作形状：将每份面团平均分割成若干小块，搓成圆形，放入烤盘中。

（6）烘焙：将烤盘放入预热好的烤箱中，以200℃烘焙约20min，至面包表面金黄色。

（7）取出面包，放凉后即可享用，品尝口感和味道。

6. 部分实验数据

（1）发酵的质量和形状大小比较。

①烤制前，发酵后质量增幅情况。

绵白糖组（发酵前200g，发酵后224g，增加24g）＞红糖组（发酵前200g，发酵后223g，增加23g）＝白砂糖组（发酵前200g，发酵后223g，增加23g）＞木糖醇组（发酵前200g，发酵后215g，增加15g），如图4-2所示。

图 4-2

②烤制后（肉眼观察），如图4-3所示。

（2）口感比较：白砂糖组≥绵白糖组＞木糖醇组＞红糖组。

（3）甜度比较：白砂糖组＞红糖组≥绵白糖组＞木糖醇组。

（4）味道比较（个人口味）：木糖醇组＞红糖组＞白砂糖组＞绵白糖组。

图 4-3

研究结论

综合比较，可得出结论为：

白砂糖组：面包颜色金黄，发酵速度快，发酵形状大，口感松软，有浓郁的甜味。

绵白糖组：面包颜色较深，口感松软，甜度适中。

木糖醇组：面包颜色较浅，口感稍硬，虽然甜度不高但味道别具一格，麦香味和奶香黄油味道最为浓郁。

红糖组：面包颜色红润，口感较硬，具有独特的味道。

研究反思

萝卜青菜各有所爱，不同种类的糖对面包制作方面有不同的影响，因此我建议在制作面包时，根据自身需要和口味选择不同种类的糖，以获得更好的面包品质。但是在测试面包口感品质时，没有用仪器测量，比如未用甜度计测甜度等，主观因素较大，今后实验需要注意。

教师点评

不同种类的糖会对制作面包产生怎样的影响？这是一个与生活紧密相关的实际问题。本研究控制了面粉、酵母、盐、牛奶、黄油和鸡蛋的种类与用量，重点观测白砂糖、绵白糖、木糖醇、红糖对所制作的面包发酵的质量和形状大小、口感、甜度、味道等的影响，即使用不同种类的糖制做出的面包有哪些差别。通过实验发现了不同种类的糖对面包发酵的质量和形状大小、口感、甜度、味道等产生了不同的影响，并得出了根据需要和口味选择不同种类的糖来制作面包的结论。建议研究者查阅资料了解大多数甜品店使用什么糖来制作面包，木糖醇等糖具体有哪些优点，给出具体建议供读者参考。另外请注意问题、假设、结论与反思点的一致性，譬如研究背景未对（变量）不同糖的特点给出分析。

成果 5　白糖量对馒头质量影响的研究

杨文骁

研究背景

我们在项目研究中，主要研究改变馒头配方中的一种成分将如何影响馒头的味道和质地。

馒头中最重要的两种成分是酵母和面粉，为了提升馒头的质量可以加入白糖。糖是酵母生长繁殖必需的养料，面团中加入糖后，在各种酶的作用下可以分解出葡萄糖，供给酵母作为养分，促进酵母的生长。然而，由于糖具有一定的渗透压，过多的糖分又能抑制酵母的生长，因此，调制面团时控制用糖量是关键。本实验的目的是研究改变馒头基本配方中的一种成分会产生什么样的效果。我们将改变糖的用量并研究它如何影响馒头的质量。

研究过程

1. 实验假设

如果用于制作馒头的糖的量越多，那么馒头的发酵质量越好，因为酵母菌可以分解更多的糖并产生更多的二氧化碳；如果糖的量越少，那么馒头的发酵质量越差，因为酵母菌只能分解少量糖并产生少量二氧化碳。

2. 实验设计

如果馒头的放糖量从0～10g之间改变，那么馒头的味道和质地就会不同。自变量是放糖量（本实验用白糖），因为它是被改变的。因变量是自变量的结果。在这个实验中，它是馒头的味道和质地。常量则是食谱中的其他成分。

3.实验材料

面粉300g，白糖15g，酵母3g，水180g，大盆3个，电子秤1个，保鲜膜，如图5-1所示。

图 5-1

4.实验步骤

（1）用电子秤称重，在每个大盆中加入100g面粉。

（2）在每个大盆中加1g酵母和白糖（白糖第一盆10g，第二盆5g，第三盆不放）。

（3）在每个大盆中加入60g水，搅拌至酵母溶解。

（4）将大盆中所有混合后的材料揉成面团，如图5-2所示。

（5）盖上保鲜膜，放置在常温环境下发酵1h。

（6）1h后，取下保鲜膜。

（7）将3个面团放入蒸锅，保证它们不互相粘黏。

（8）蒸好后同时取出并放置在桌布上。

图 5-2

5. 实验数据

（1）发酵后。

①10g白糖的面团：湿润，粘连在盆壁上，还未完全发酵。

②5g白糖的面团：面团蓬松变大，会回弹，内部有小孔。

③无白糖的面团：与有5g糖的面团没有太大差别。

（2）蒸完后。

①10g白糖的面团：质地坚硬，有细小缝隙，口感发苦。

②5g白糖的面团：柔软蓬松，口感略甜。

③无白糖的面团：比有5g糖的馒头颜色略浅，甜味略淡，其他无区别。

研究结论

从收集到的实验数据可以看出，5g白糖和无白糖的馒头比10g白糖的馒头味道更好。5g白糖和无白糖馒头的质地比10g白糖馒头的更好。在这个实验中，我们可以确定将白糖的量定在0～5g更加合适。我们从结果中得到的结论是5g白糖比10g白糖蒸出的馒头质量更好。这个结论被证明是正确的，因为酵母菌的有氧呼吸会消耗掉水和糖，如果糖的量过多，酵母菌无法完全消耗，会影响它们的繁殖。另外，剩下的糖会吸收水分子，使得面团过于湿润，稳定性差，容易粘连。

研究反思

前面的实验假设指出"如果用于制作馒头的糖的量越多，那么馒头的发酵质量越好，因为酵母菌可以分解更多的糖并产生更多的二氧化碳；如果糖的量越少，那么馒头的发酵质量越差，因为酵母菌只能分解少量糖并产生少量二氧化碳"。但是，现在我们知道，过多的糖会影响馒头的发酵质量，证明了该假设是错误的。在这个实验中可能产生错误的地方是发酵时间过短，只有1h。未来做这个实验，应查询关于馒头发酵的详细步骤，并严格按照其执行，而且做多次实验，保证实验的重复性和准确性。我们以后还可以测试其他不属于成分的变量，如发酵时长、温度等，研究它们是否会影响馒头的质量。

教师点评

"白糖量对馒头质量的影响的研究"是一个与生活紧密联系的实际问题。本研究控制了面粉、酵母和水的用量，重点观测白糖用量对馒头味道和质地的影响，即探究使用10g、5g和无白糖制作出的馒头有哪些差别。通过实验发现三个量值中，5g白糖是更好的选择。研究者对这个与假设不一致的结论进行了解释，并进一步反思认为接下来可以查阅资料并研究不同发酵时长、温度等对馒头质量的影响，反思较真实且有实际意义，给出了研究后的新问题，值得表扬。需要注意的是：实验中0～10g白糖的范围下，以5g作为变量梯度，不够精细，结论中的"5g白糖"是相对量还是绝对量无法确认，如能进一步论证，并加以说明或标注，在最后的实验结果中呈现出来会更具有科学性。

成果6 关于不同温度下面团发酵的探究

顾怡晨

研究背景

我们在项目研究中，发现面团发酵的情况不同，会影响馒头的质地和口感。

馒头中最重要的两种成分是酵母和面粉。酵母是一种活的单细胞微生物，它消耗糖和淀粉，并在发酵的过程中将二氧化碳作为废物排出。当酵母与面粉加水后混合在一起时，二氧化碳（酵母进行细胞呼吸产生的废物）被困在面粉中。这会产生气囊，使馒头具有轻盈蓬松的质地。酵母发生作用的温度非常关键，本实验旨在探究不同温度下面团发酵的情况，进而找出面团发酵的最佳温度。

研究过程

1. 实验材料

小麦粉300g，酵母3g，纯净水100g，电子秤1个，大碗3个，保鲜膜，电子测温计1个，放大镜1个，部分材料如图6-1所示。

图 6-1

2. 实验步骤

（1）实验分组，见表6-1。

表 6-1

组别	小麦粉重量（g）	发酵环境温度（℃）	酵母重量(g)	发酵时长(h)
A	100	28	1	4
B	100	30	1	4
C	100	32	1	4

（2）实验过程。

第一步：用电子秤称出100g小麦粉各三份、酵母1g各三份，分别放入大碗中。

第二步：在A、B、C三份小麦粉中各加入酵母1g，如图6-2所示。

图 6-2

第三步：分别往每份小麦粉里慢慢地加纯净水进行搅拌、和面，如图6-3所示。

图 6-3

第四步：将小麦粉揉成面团，把三个同样的面团分别放置在卧室（空调房）、客厅（常温房间）、厨房（无空调温室）三个室温不同的环境中进行发酵观察（裹上保鲜膜），见表6-2。

表 6-2

组别	实验过程
A（卧室）	
B（客厅）	
C（厨房）	

第五步：4h后观察面团的发酵情况，见表6-3。

表 6-3

	发酵情况
发酵前	A B C
发酵后	A B C
发酵后用放大镜观测	A B C
发酵后观测体积	三个中体积最小 A / 三个中体积第二 B / 三个中体积最大 C

3. 实验现象

卧室（空调房）、客厅（常温房间）、厨房（无空调温室）三个室温不同的环境中进行发酵的面团，发酵程度并不相同。卧室（空调房）的面团，目测及放大镜下可以看到气孔偏小，面团触感黏性较小，目测面团体积为三个中最小的；客厅（常温房间）的面团目测及放大镜下可以看到气孔较大、气孔较密，面团触感黏性较好，目测面团体积为三个里面中等的；厨房（无空调温室）的面团目测及放大镜下可以看到气孔大、气孔略稀疏，面团触感黏性好，目测面团体积为三个里面最大的。

研究结论

经过温度环境不同的三组面团发酵的对比实验，可以初步断定，温度是影响面团发酵的重要因素之一。在一定范围的温度下，且其他因素基本相同时，应根据气孔多少以及面团体积大小判断，温度较高的小麦粉发酵比温度较低的小麦粉发酵快一些。

研究反思

面团发酵产生略稀疏的大气孔且体积大时,做出的馒头的质地和口感最好吗?为了达到更好的口感和质地,我们在后期需要做什么处理吗?这些都是我在后续实验中需要继续探究的问题。

教师点评

"温度对面团发酵的影响"是一个与生活紧密联系的实际问题。本研究控制了小麦粉、酵母的用量以及发酵时长,重点观测温度对面团发酵的影响。研究者分别将面团放在家中的卧室、客厅和厨房,控制温度在28℃、30℃和32℃左右,通过实验得出的结论是温度影响发酵效果,三个温控下,温度高的面团发酵速度快。请注意研究者提出的实验目的是找到面团发酵的最佳温度。在本研究情境下,即夏日的家中实验中的温度容易满足。可以进一步查阅资料并考虑如何控制环境温度,从而探究最佳温度。是不是温度越高发酵效果越好?毕竟研究者在反思中也提及了还需考虑口感和质地的问题,这些是值得进一步研究并在发酵中综合考虑的因素。

成果7 探究防止土豆"黑化"的小妙招

王筱卓

研究背景

土豆是家常的食物,干炒土豆片是我家餐桌上的常备菜,假期的一次家务劳动让我对土豆的认识产生了翻天覆地的变化。为了减轻父母的负担，我主动承担了备菜的工作，我认真削了土豆皮，将土豆切成片码放在盘中，静待"大厨"下锅炒制。但是让我意想不到的是，"大厨"下班回家时新鲜的土豆片变成了黑褐色。爸爸轻描淡写地说，这是正常的氧化现象，洗洗就好了。我刚刚接触化学，对化学现象抱有好奇心，打算探究一下土豆"黑化"背后的原因，找到防止"黑化"的办法。

经网上搜索，得到的解释为：土豆切开后发黑，是发生了化学反应，科学上把这个过程叫作"酶促褐化反应"。酶促褐化反应是指像土豆这种食物一旦去皮或切开并与空气接触就容易变褐变黑。褐变发生的原因主要是土豆块中含有酚类化学物质和多酚氧化酶，切割破坏了土豆块内部细胞膜的结构，导致隔离的多酚类物质流出，与外界氧气接触，在多酚氧化酶催化作用下形成一种叫邻醌的物质，它再进一步氧化聚合而成褐色素和黑色素，使土豆块切割面发生褐变（即暴露在空气中，放置时间长了就变黑）。

研究过程

1. 实验材料（两次实验）

土豆3个，盘子1个，盆4个，水，食用白醋，pH试纸、碱水、保鲜膜。

2. 实验原理

通过隔绝氧气、破坏或抑制多酚氧化酶作用的方式来防止土豆发黑。

实验将分为5组进行，分别验证所采取的措施的有效性。

3. 实验过程

（1）第一次实验的过程和结果。

①将2个土豆洗净去皮、切片，平均分成5份，1份直接放入盆中不做任何处理（样品0）。

②隔绝氧气：1份放入盆中并覆盖保鲜膜（样品1），1份放入盛有冷水的盆中（样品2）。

③破坏或抑制多酚氧化酶作用：1份用热水洗后盛入盆中（样品3），1份用食用白醋拌一下再盛入盆中（样品4）。使用pH试纸提前对食用白醋进行了测试

（pH值≈3），如图7-1所示。

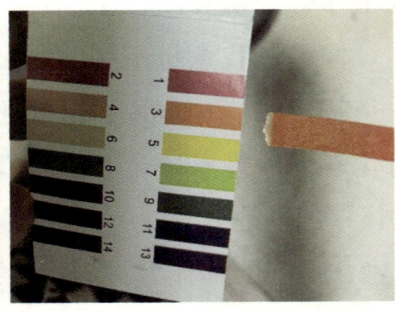

图 7-1

④将全部土豆实验样品同时放置于厨房台面上，间隔一定时间后观察颜色变化情况并做好记录，见表7-1。

表 7-1

实验样品	样品0 无处理	样品1 覆保鲜膜	样品2 冷水中	样品3 热水洗过	样品4 醋拌过
最初状态					
1h后	微微变色	未变色	未变色	局部变色	未变色
2h后	变色加重	未变色，保鲜膜内表面有水汽	未变色	局部变色明显	部分微微变色
10h后	变色严重	变色	未变色	局部变色加重	部分微微变色

（2）第一次实验的结论。

①浸入冷水中，可以有效隔绝空气中的氧气。

②包裹保鲜膜，短时间内可以有效隔绝空气中的氧气。

③使用热水清洗土豆，不能使切块表面的多酚氧化酶失去活性，反而使部分区域变色更重。

④资料显示，多酚氧化酶在pH值为6.5时活性最强，当加入食用白醋搅拌时，可以使土豆的pH值减小，使多酚氧化酶的活性降低，从而抑制其活性，减慢变色速度。

但是在本次实验中，我对于为什么热水洗过的土豆片会加重"黑化"有些想不通，是不是因为接触热水不均匀、时间不够？还是产生了其他物质？为了一探究竟，我又进行了第二次实验，同时增加了一个在碱性环境下的对比实验组，看看碱性条件是否也同样能抑制土豆发黑。

（3）第二次实验的过程和结果。

①将1个土豆洗净去皮、切片，平均分成3份。

②1份直接放入盆中暴露于空气中不做任何处理（样品20），1份用碱性溶液洗过后放入盆中（样品22），1份用热水焯水1min后盛入盆中（样品21）。实验中使用的碱性溶液是用家中的食用纯碱即碳酸钠与水配制而成的碱水，经pH试纸测定，pH值≈10，如图7-2所示。

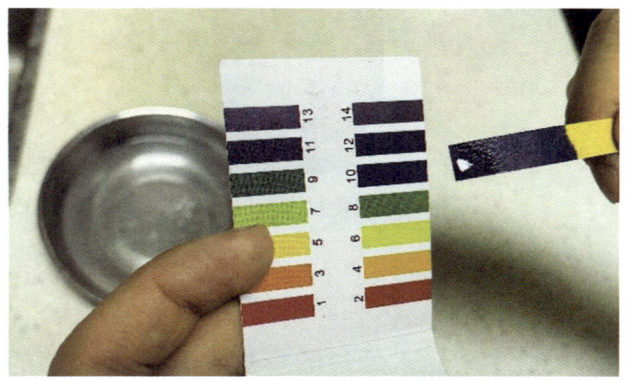

图　7-2

③第二次实验的结果记录在表7-2中。

表 7-2

实验样品	样品20 无处理	样品21 在热水中焯水1min	样品22 用碱水（pH值≈10）洗过
最初状态			
1h后	微微变色	未变色	微微变色
2h后	微微变色	未变色	变色加重
10h后	变色加重	未变色	变色严重

（4）第二次实验的结论。

①使用热水焯过的土豆，在保证足够的时间和受热均匀的情况下，切块表面的多酚氧化酶失去活性，从而长时间保持土豆不变色。

②使用碱水（本实验中pH值≈10）搅拌过的土豆片，变色严重，说明实验中的碱水浓度促进了酶的催化作用，加重了土豆的"黑化"。

研究结论

土豆片浸入冷水中或包裹保鲜膜，均可以有效隔绝空气中的氧气，进而减少土豆黑化。同时，用食用白醋处理土豆片后，可以使其pH值减小，使多酚氧化酶的活性降低，从而抑制其活性，减慢变色速度。而且，如果使用热水焯过的土豆，在保证足够的时间和受热均匀的情况下，切块表面的多酚氧化酶失去活性，从而长时间保持土豆不变色。

研究反思

"纸上得来终觉浅，绝知此事要躬行"，在第一次实验中采用的四种方法得出的结果与预先设想的并不一样，原以为的实验效果从好到坏排序是浸入冷水第一，热水洗过第二，覆盖保鲜膜第三，食用白醋搅拌第四。而出乎意料的是用热水洗过的土豆片竟变色最重，保鲜膜只能短时间内有效隔绝空气，经过一夜，空气还是会渗透进去，结果与裸露在外的土豆片无异。相反，食用白醋搅拌后的效果竟然很好，但从日常适用性的角度考虑的话，拌醋的方法受限制条件较多，如果是不喜欢吃酸的人，就不适用，同样也需要看烹制什么样的土豆菜品，是不是恰好需要酸味。第二次实验验证了用热水焯土豆片的方法可以很有效地防止切开的土豆变黑，但要保证一定的焯水时间，确保土豆片受热均匀。通过这次有趣的生活小实验，我发现，一次的实验结果并不一定能完全准确地反映出真实的科学结论，我们只有不断地分析和尝试才能更接近科学真相。

教师点评

"探究防止土豆'黑化'的小妙招"源于家务中的偶然发现，这也是实际烹饪中的真实问题。研究者通过查阅资料分别探究覆盖保鲜膜、冷水浸泡、热水洗、食用白醋拌等方法对防止土豆变黑的效果，并基于第一次实验进一步比较热水焯水和用碱水洗的方法对防止土豆变黑的影响，得出了冷水浸泡等实用的妙招，解决了生活中的实际问题，获得了相关的知识。这是一个非常有趣的研究。

热水洗和焯水都用了热水但是处理方法不同。作用时间的差别会对结果产生影响。冷水一直浸泡着土豆片，如果食用白醋和碱水也一直浸泡土豆片，而不是仅仅拌或洗一下，那么结果又将如何呢？热水焯水是否对"大厨"干炒土豆片的口感产生影响？我们发现多种方法都可以解决土豆变黑的问题，在实际生活中如何更为全面地综合考虑，选择与实际需求更加契合的方法呢？

成果8 有关使用纸吸管喝可乐的些许有趣探究

吴欣珂

研究背景

环保是当前社会的一大热议话题，因此许多餐饮商家会选择将塑料吸管替换为纸吸管。可是当我在用纸吸管喝可乐时便会发生吸管上浮、大量泡沫溢出这些有趣的现象。面对这些现象，我便产生了探究纸吸管的想法。在探究前，我利用发放调查问卷的方式先调查了纸吸管在人们生活中是否常见。调查问卷结果如图8-1所示。

表8-1 你使用过纸吸管吗？[单选题]

选项	小计	比例
使用过	97	93.27%
没有使用过，听说过	2	1.92%
没有使用过，没有听说过	5	4.81%
本题有效填写人次	104	100%

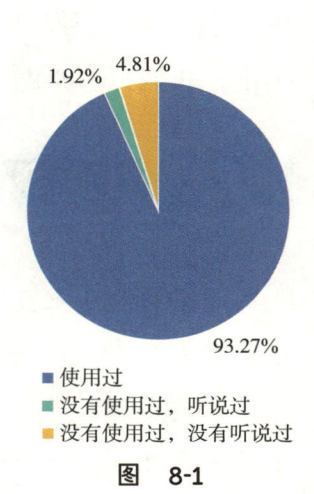

图 8-1

由此可见，纸吸管在人们的生活中很常见。根据调查问卷的结果，93.27%的人使用过纸吸管，1.92%的人没有使用过但是听说过纸吸管，4.81%的人没有使用过也没有听说过纸吸管。

这就说明在日常的生活中一定也有很多人像我一样面对前面提到的现象很疑惑，那么产生这种现象的原因是什么呢？纸吸管在其他饮品中也会产生这种现象吗？如何减缓或抑制这种现象的发生呢？纸吸管广泛应用在生活中真的能促进环保、节省能源、让人们满意吗？

研究过程

1. 实验一

提出问题：纸吸管在其他饮品中会产生吸管上浮、大量泡沫溢出的现象吗？

做出假设：纸吸管在碳酸饮料中会出现上述现象，其他饮品不会出现上述现象。

实验材料：纸吸管3根，可乐，苏打水，饮用水。

实验方法：控制变量法。

过程与步骤：将纸吸管分别同时放入相同质量的可乐、苏打水与饮用水中，1min后记录现象。

实验结果：可乐、苏打水中的纸吸管明显上浮且有大量泡沫溢出，而饮用水中的纸吸管并无以上现象，如图8-2所示。

饮用水（无现象）　　　可乐（有明显现象）　　　苏打水（有明显现象）

图 8-2

实验分析：通过实验一结果可知，纸吸管上浮且有大量泡沫溢出的现象只在可乐、苏打水中出现。于是我查阅了相关资料，表8-2是可乐和苏打水中的相关成分。

表 8-2

饮料	成分
可乐	糖；碳酸水（碳酸水是溶入了二氧化碳的水，碳酸的化学分子式是H_2CO_3）；焦糖；磷酸；咖啡因。
苏打水	纯化的饮用水、二氧化碳，甜味剂、香料

根据以上两种饮品的共同点和不同点，我猜测是否是碳酸水使纸吸管在可乐中产生了这种现象，于是设计了实验二。

2. 实验二

提出问题：碳酸水能否使纸吸管在可乐中产生吸管上浮、大量泡沫溢出的现象？

做出假设：碳酸水可以使纸吸管在可乐中产生吸管上浮、大量泡沫溢出的现象。

实验材料：自制碳酸水（在饮用水中加入小苏打），饮用水，纸吸管2根。

实验方法：控制变量法。

过程与步骤：将纸吸管分别同时放入相同质量的碳酸水与饮用水中，1min后记录现象。

实验结果：碳酸水中的纸吸管明显上浮且有大量泡沫溢出，而饮用水中的纸吸管并无以上现象。

实验分析：由实验二的结果可知，碳酸水使纸吸管在可乐、雪碧、芬达等碳酸饮料中产生这种现象。

因此我们可以得知，这种现象就是碳酸水引起的。且在碳酸饮料中都会有这种现象的发生。

碳酸水是溶入了二氧化碳的水，当我们打开瓶盖时，二氧化碳会慢慢释放，所以会有气泡产生。

而干燥的纸吸管，吸走了碳酸水中的部分水分，即溶剂减少了，二氧化碳的溶解度就降低了，使得二氧化碳一下子大量释放，所以才会产生这种现象。

从碳酸饮料包装的角度分析：大多数碳酸饮料是经过高压处理，铝罐密封，大量的二氧化碳溶解在水中。此时碳酸饮料中的碳酸是过饱和的，因此剧烈摇晃可使二氧化碳溢出；此外，加热、压力下降（开启铝罐）等情况下，二氧化碳在水中的溶解度下降，也会溢出。当开启铝罐，罐内压力下降，二氧化碳本就在缓慢释放，纸吸管进入可乐（碳酸饮料）后，会快速吸收水分，导致过饱和溶液中的二氧化碳大量释放，因此形成了大量泡沫溢出的现象。

从纸吸管的构造角度来分析： 因为可乐（碳酸饮料）中含有大量的二氧化碳，这些二氧化碳在正常情况下处于水解平衡的状态。纸吸管的表面粗糙多孔，当纸吸管插进可乐（碳酸饮料）中，纸吸管粗糙多孔的表面就会产生很多小气泡，这些小气泡会成为二氧化碳的凝结核，使二氧化碳快速地从液体中释放出来。同时，纸吸管会吸收一部分水分，导致原本与液体达成饱和状态的二氧化碳被分解出来，从而使可乐（碳酸饮料）喷出。

根据纸吸管的结构构造，我猜测如果事先把纸吸管浸透水分是否可以避免可乐（碳酸饮料）喷洒溢出？为验证此猜测，我设计了实验三。

3. 实验三

提出问题：把纸吸管浸透水分是否可以避免可乐（碳酸饮料）喷洒溢出？

做出假设：把纸吸管浸透水分可以避免可乐（碳酸饮料）喷洒溢出。

实验材料：干燥的纸吸管1根，浸透水分的纸吸管1根，碳酸饮料（可乐）。

实验方法：控制变量法：

过程与步骤：将干燥的纸吸管和浸透水分的纸吸管分别同时放入相同质量的可乐中，1min后记录现象。

实验结果：干燥纸吸管在可乐中上浮且有大量泡沫溢出，现象非常明显；浸透水分的纸吸管在可乐中产生上述现象的明显程度较干燥纸吸管在可乐中产生上述现象的明显程度低。

实验分析：由实验三结果可知，事先把纸吸管浸透水分可以避免可乐（碳酸饮料）喷洒溢出。但是纸吸管浸透水分后使用不但影响饮品口感还非常麻烦，于是我进行思考，是否可以对纸吸管的粗细或者长短进行调整来减小这种现象的发生呢？于是我设计了实验四和实验五。

4. 实验四

提出问题：碳酸饮料喷洒溢出的现象与纸吸管的长短有关吗？

做出假设：碳酸饮料喷洒溢出的现象与纸吸管的长短有关。

实验材料：197mm的纸吸管1根，107mm的纸吸管1根，碳酸饮料。

实验方法：控制变量法。

过程与步骤：将2根不同长度的纸吸管分别同时放入质量相同的碳酸饮料中，1min后记录现象，如图8-3所示。

长吸管（197mm） 短吸管（107mm）

图 8-3

观察可知，长吸管和短吸管都出现了使碳酸饮料喷洒溢出的现象。

实验结果：碳酸饮料喷洒溢出的现象与纸吸管的长短无关。

5. 实验五

提出问题：碳酸饮料喷洒溢出的现象与纸吸管的粗细有关吗？

做出假设：碳酸饮料喷洒溢出的现象与纸吸管的粗细有关。

实验材料：直径6mm的纸吸管1根，直径12mm的纸吸管1根，碳酸饮料。

实验方法：控制变量法。

过程与步骤：将2根不同粗细的纸吸管分别同时放入质量相同的碳酸饮料中，1min后记录现象，如图8-4所示。

粗吸管（直径12mm） 细吸管（直径6mm）

图 8-4

观察可知，细吸管使碳酸饮料喷洒溢出，而粗吸管这一现象不明显，可以说是几乎没有出现使碳酸饮料喷洒溢出的现象。

实验结果：碳酸饮料喷洒溢出的现象与纸吸管的粗细有关。

实验分析：由实验四和实验五可知，如果想找到一种既不影响口感又不麻烦的可以避免碳酸饮料喷洒溢出的方法，可以将细吸管换为粗吸管饮用碳酸饮料。推荐直径为6～12mm的吸管。

目前在饮品店中仍有大量使用纸吸管的情况，但是由上述实验可知如果不对纸吸管做相关改进的话是比较影响口感的。那么纸吸管的广泛应用在生活中真的能让人们满意吗？制作纸吸管的材料真的能节省能源、促进环保吗？

首先，我利用调查问卷的方式收集了人们对于纸吸管的相关看法，见表8-3，如图8-5所示。

表 8-3　你对纸吸管的看法是什么？［单选题］

选项	小计	比例
我不喜欢，实用性不强	24	23.08%
我很喜欢，有利于环保	80	76.92%
本题有效填写人次	104	100%

图　8-5

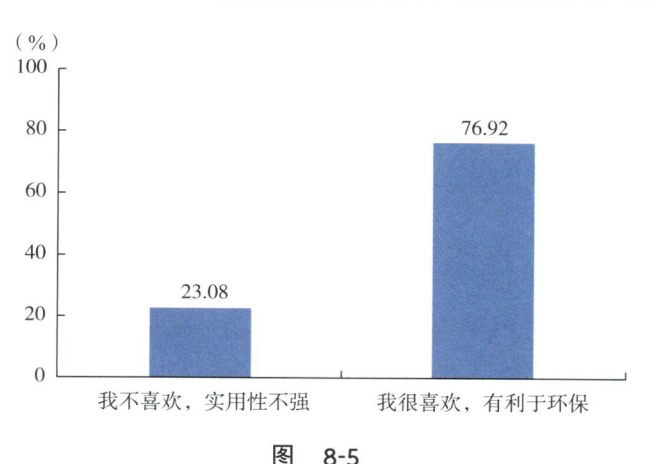

由图8-5可知，纸吸管受到较多人的好评，环保的优点盖过了实用性不强的缺点。那么，纸吸管的材料以及它是否真正环保引发了我的思考。

真正环保体现在生产、使用、废物处理这三个环节。首先在生产环节，纸吸管要通过砍伐大量的木材以及消耗大量的水来制作。而PLA (聚乳酸)是一种新型的生物基及可再生生物降解材料，使用可再生的植物资源(如玉米、木薯等)所提取的淀粉原料制成。其具有良好的生物可降解性，不污染环境，这对保护环境非常有利，是公认的环境友好材料。在使用方面，纸吸管只能使用一次，但是如果是金属材料或者是塑料材料制成的吸管则可以使用多次。在废物处理方面，很多研究都表明，纸制品算不上塑料制品的环保替代品。

和纸相比，塑料具有很多优点：材质轻薄、运输便利、隔水透明、相对不易变形、破裂。制造塑料袋消耗的资源也更少，在容量相同的情况下，纸袋的能耗是聚乙烯购物袋的12倍左右。

由此可见，纸吸管并不能实现真正意义上的环保。

除了纸吸管外，另一个选择便是PLA可降解吸管。目前人们对于这两种吸管的争议很大，于是我利用调查问卷的方式调查了当人们在面对纸吸管和PLA可降解吸管时会选择哪一种吸管，见表8-4，如图8-6所示。

表8-4 目前人们对于纸吸管和PLA可降解吸管的争议很大，你会选择PLA可降解吸管还是纸吸管？[单选题]

选项	小计	比例
PLA可降解吸管	72	69.23%
纸吸管	32	30.77%
本题有效填写人次	104	100%

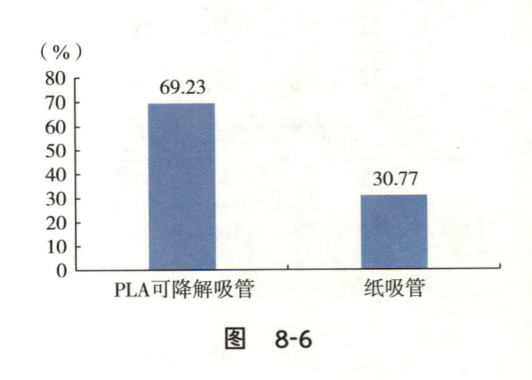

图 8-6

由图8-6所示的调查问卷结果可知，人们在面对PLA可降解吸管和纸吸管两种选择时较多数人会选择PLA可降解吸管。这让我对PLA可降解吸管的环保性提出了质疑，PLA可降解吸管真的环保吗？

我通过查询资料了解到，聚乳酸(PLA)是一种新型的生物基及可再生生物降解材料，聚乳酸的生产过程无污染，而且产品可以生物降解，实现在自然界中的循环，因此它是理想的绿色高分子材料。聚乳酸也称为聚丙交酯，属于聚酯家族。聚乳酸使用可再生的植物资源（如玉米、木薯等）所提取的淀粉原料制成。淀粉原料经由糖化得到葡萄糖，再由葡萄糖及一定的菌种发酵制成高纯度的乳酸，最后通过化学合成方法合成一定分子量的聚乳酸。其具有良好的生物可降解性，使用后能被自然界中微生物在特定条件下完全降解，最终生成二氧化碳和水。

相比纸质吸管容易软掉的特点，PLA可降解吸管更符合人们追求的口感，但PLA可降解吸管的劣势在于价格相对较高。而且绝大部分生物降解材料仅能在工业堆肥条件下处理才能够实现降解，随意丢弃或者进行垃圾填埋并不能达到预期的降解效果。

由此可见，PLA可降解吸管是环保的，但是它对处理的要求比较高并且价格比较昂贵。根据以上两种材料的吸管的优缺点，我制作了如下表格更直观地对比这两种吸管，见表8-5。

表 8-5

材料	生产环保	可以持续利用	废物处理环节环保	废物处理环节简单	口感好	价格便宜
纸吸管	×	×	×	√	×	√
PLA可降解吸管	√	√	√	×	√	×

由此可见，与纸吸管相比PLA可降解吸管综合来看是比较符合人们的要求且环保的。

为了进一步探究人们对于未来吸管的追求与看法，我通过调查问卷的方式再次收集了人们的看法，如图8-7所示。

图 8-7

由此可见，人们对于未来吸管的共同希望大多是环保，这也能看出人们对于环保的看重。当前全球生态问题严重，我认为我们可以在资金允许的情况下推行PLA可降解吸管。并且在饮料店这些使用吸管的场所设置专门的PLA可降解吸管垃圾桶，对PLA可降解吸管进行统一收集再回收利用，避免因人们乱丢PLA可降解吸管而导致其不能达到预期的降解效果。

研究结论

通过控制变量，设计对比实验，我由以上实验得到了如下结论：

（1）纸吸管上浮且有大量泡沫溢出的现象只出现在可乐、雪碧、芬达等碳酸饮料中。

（2）碳酸水使纸吸管在可乐、雪碧、芬达中产生这种现象（纸吸管上浮且有大量泡沫溢出）。

（3）碳酸饮料包装使用的方法及纸吸管的构造都会促使这种现象的发生。

（4）事先把纸吸管浸透水分可以避免可乐（碳酸饮料）喷洒溢出。

（5）换较粗的吸管可以有效抑制可乐（碳酸饮料）喷洒溢出，推荐直径为6~12mm。

研究反思

在资金允许的情况下推行PLA可降解吸管，并且在饮料店这些使用吸管的场所设置专门的PLA可降解吸管垃圾桶，对PLA可降解吸管进行统一收集再回收利用，避免因人们乱丢PLA可降解吸管而导致其不能达到预期的降解效果。

对于PLA可降解吸管在市面上的普及应用以及设置PLA可降解吸管垃圾桶的后续可操作性我还要进行长期的观察研究，观察这样做能否起到良好的环保效果。以及我还可以对"PLA可降解吸管是否可以通过改变其成分来达到更好的降解效果"这个问题进行深入的思考与研究。

在这次的研究过程中，我发现生活中有很多有趣、有价值的现象值得我们探究。在探究实验的设计中，我发现通过应用课本上学到的控制变量法来设计实验，可以让实验现象和实验结果更加准确可靠，同时我也学会了多角度分析问题、解决问题的方法。

教师点评

从用纸吸管喝可乐到一系列环保问题的探究，环环相扣，逻辑清晰，并且非常有趣。研究者综合运用了控制变量法以及实验、调研、文献查阅等方法来研究饮品店中应该使用什么材质的吸管可以既实用又环保的问题。研究者善于观察，善于提问，善于研究，从喝可乐的有趣现象，联想到了环保问题，体现了作者的责任心与勇于担当的意识。同时，我们非常期待基于这一系列研究所提出来的新问题：如何改变PLA可降解吸管的成分以提高其降解效果。

成果9 关于市面售卖饮用水（饮料）水质的研究

王耀宇

研究背景

水是生命之源，大约占人体重量的70%。水不仅是构成身体的重要成分，还具有重要的生理功能。人体内所有的生化反应，都依赖于水的存在。可以说，人们日常摄入的水质在很大程度上影响着我们的健康和体质。

北京作为一线城市，生活用水都是经过自来水厂净化处理过的。但我们从小就被告知，自来水不能直接饮用。这是因为经过沉淀、过滤、吸附和加氯消毒处理的水并不能完全去除有害物质，并且由于城市输水管道埋于地下，清理不便（如图9-1a所示），高楼顶层水箱也不能及时清洗，这些都极易造成自来水的二次污染。所以尽管水厂的水质符合国家生活用水标准，但从自来水管中流出的水质并不一定足够安全。

因此，越来越多追求健康的人们选择家用净水器、小区净水机再次净化水质，或者直接购买桶装水、瓶装水替代自来水；当然还有很多人，尤其年轻人，为追求口感习惯用饮料代替没有味道的水解渴。每年夏季，更是啤酒、饮料的消费旺季，如图9-1b所示。那么，我们长期摄入的水，能满足我们身体的需要吗？对健康会产生不良影响吗？

图 9-1

研究过程

1. 实验材料

（1）被测材料：自来水，家用净水器过滤水，小区净水器过滤水，学校净水器过滤水，白开水，冰露（矿泉水），百岁山（矿泉水），怡宝（矿泉水），农夫山泉（矿泉水），瓶装弱碱性水，水溶C（饮料），雪碧，啤酒，各1瓶；葡萄若干颗。

（2）检测材料：pH试剂，pH色别卡，余氯试剂，余氯测试色别卡，钙镁试剂，钙镁试剂色别卡，电解质笔1支。

（3）实验用具：量杯若干个，搅拌棒1个。

图9-2中展示了部分材料。

图 9-2

2. 实验方法

本实验研究主要采用对比实验的方法——通过各种被试材料与试剂产生化学反应后呈现出的颜色不同（或相同），与其对应色卡相比对得出实验结果，从而根据实验结果推出实验结论。

3. 实验步骤

（1）准备与被试材料数量相同的量杯，贴上标签用于实验中识别。

（2）把被试材料分别按试剂要求的毫升数倒入相应量杯。

（3）滴入试剂，将被试材料反应后呈现的液体颜色与色卡进行比对。

（4）记录与色卡颜色一致的对应数值或结果。

（5）倒掉测试完成的溶液，清洗量杯。

（6）再次按量杯标签分别倒入被试材料，滴入试剂，将被试材料反应后呈现的液体颜色与相应色卡进行比对，并记录实验结果，如图9-3所示。

图 9-3

4. 实验结果

（1）酸碱值实验（酸性→7.0→碱性），结果见表9-1所示，实验照片如图9-4所示。

表 9-1

材料	啤酒	雪碧	水溶C	白开水	冰露	百岁山	怡宝	小区净水机过滤水
酸碱值	5.5	6.0	6.0	6.0	6.0	6.3	6.3	6.6

7.0中性

材料	学校净水机过滤水	自来水	家用净水器过滤水	农夫山泉	瓶装弱碱性水
酸碱值	7.0	7.6	7.6	7.6	8.0

图 9-4

在啤酒中倒入农夫山泉，搅拌中和后用试剂再测。可发现随着农夫山泉量的增加，液体的酸性随之减弱，碱性随之增强，直至与农夫山泉酸碱值达到一致。

（2）余氯实验：在被试材料中，自来水中含有余氯0.4mg/L，用自来水烧开的水中仍显示残留0.05mg/L；其余被试材料均未测出余氯。在自来水量杯中放入几颗葡萄，搅拌1min后余氯反应消失，实验结果如图9-5所示。

图 9-5

（3）钙镁实验：用图9-6所示材料进行测试，被试材料中均呈现钙镁反应。未找到瓶装"纯净水"检测。

（4）电解质实验：用电解质笔进行测试，被试材料中，小区净水器过滤水无电解质反应，其余材料均呈现电解质反应。未找到瓶装"纯净水"检测。

图 9-6

研究结论

（1）我们都知道，经常喝含糖的饮料对身体会造成严重的危害。高糖、高热量的饮料会导致多余的糖在体内堆积，形成脂肪，最终导致肥胖，进而引发一系列相关的疾病，同时高糖还可能引发龋齿、肌肤衰老等。由饮料酸碱值检测实验可见，一般含糖或含酒类的饮料酸碱值小于等于6.0，偏酸性，我们在平时应少饮或不饮含糖饮料，不饮含酒饮料。

（2）氯气通常被用来给水消毒。但水中余氯残留量太高，就会对人体有害。比如在刚给水池消过毒的游泳馆待久了会头晕，就是水中余氯惹的祸。通过余氯实验我们看到，自来水中含有余氯，而其他的被试材料均未检出。我们把自来水烧开后晾凉再次测试，发现通过加热的方式依然不能完全去除余氯。

在烧开后的自来水中放入几颗葡萄，静置一两分钟后再测，我们发现余氯几乎消失。这证明水中的余氯可以迅速被清洗过的水果、蔬菜、淘过的米，甚至口腔黏膜吸收，余氯长期累积就会对身体产生不利影响。通过查阅资料我们得知，如果仍选择使用自来水处理食材或者洗漱，可以把自来水静置一段时间，使余氯尽量挥发以便降低其不利影响；或者，加装净水器或使用合格的桶（瓶）装水饮用以及处理食材。

（3）本次实验我们意外发现，虽然我们未能找到采用RO反渗透膜技术（表现为插电极产生废水）的家用净水器以及瓶装"纯净水"，但小区净水机的过滤水没有电解质反应以及呈现弱酸性。通过查阅产品资料得知，小区净水机大多是利用反渗透原理的纯净水设备。随着近年来人们健康意识的不断增强，因纯净水基本上不含矿物质、为弱酸性、含氧量极少，长期饮用对健康不利等因素正逐渐淡出主流饮用水市场。

（4）通过实验，我们发现只要定期清洗维护，主流家用净水器以及学校净水机的水质都能达到合格标准。但在我们的现实生活中，出门懒得带水壶，随手买瓶水、喝不完懒得带回去随手扔掉成了很多人的习惯。因此，瓶装水虽然为我们提供了更方便快捷的选择，但我们更应该清楚这种"方便"的代价有多大。

（5）为了保护环境，节约用水，我们要减少使用瓶装水。我国人口约占世界人口的20%，可拥有的水资源却仅占世界的6%，人均水资源仅为世界平均水平的1/4，被联合国列为13个贫水国之一，水资源短缺一直是我国的基本国情。另外，瓶装水还会给环境带来沉重负担。

而当我们观察身边就会发现，每天学校垃圾桶里充斥着大量的空塑料水瓶，甚至只喝了半瓶或几口的也并不鲜见；夏日校园里还会出现把水瓶盖扎小孔互相滋水嬉戏的场景……水就这样被我们浪费掉，白色污染就这样越积越多。

因此，我们班在2020年就发出了《减少使用瓶装水倡议书》，倡议同学们少买或不买瓶装水，从自己做起，节约水资源，保护地球环境。

研究反思

我们通过实验以及查阅资料得知，水是维护人体健康的重要来源，要提高对饮用水来源的重视。部分人群用含糖饮料甚至饮酒来代替喝水，是一种不健康的生活习惯。我们要尽量少买或不买瓶装水。日常要主动少量多次饮水。保护身体健康，从健康饮水开始。

教师点评

喝什么样的水才健康？这是关乎身体健康的大问题。研究者的选题契合当下生活中人们对健康的追求。研究者具体研究了各种饮用水（饮料）的酸碱值，并进行了余氯实验、钙镁实验和电解质实验，通过实验得出了喝水的具体建议。研究的选题有意义，研究思路清晰。要注意结论的得出要依据证据，如本研究中的余氯实验是用葡萄处理的，我们是否可以根据这个现象直接得出洗过的水果、蔬菜、淘过的米等都可以迅速吸收余氯这个结论？这些事实应该是从资料中查阅得出的信息，并不是从本实验中得出的结论。

同时，烧开水后，放几粒葡萄就可以消除余氯的原理是什么？若在文中呈现给读者会更好。钙镁实验和电解质实验若能配上实验结果图，会更直观！

成果 10 探究棉质织物上常见污渍的有效清洗方法

马悦轩　林益萱

研究背景

我们每天上学都会穿校服，但我们的校服上衣以白色为主，如图10-1所示，并且一般男生都调皮好动，经常摸爬滚打，上美术课、书法课等，不小心就会把校服弄得脏兮兮。如果是普通的汗渍，泥土污渍，还比较容易清洗。如果衣服上染上墨渍、马克笔渍，水粉笔渍，或流鼻血的血渍，妈妈们都会抱怨衣服太难洗。有时她们把家里的洗涤剂都用一遍，也很难去除顽固的墨渍。我们穿上有明显污渍的校服时，会感觉很难为情。为了每天穿干净整洁的校服，为了帮妈妈在清洗衣物污渍时节省时间和精力，我决定研究棉质校服上污渍的有效清洗方法，找到最方便和最有效的洗涤剂及处理方法。

图 10-1

经过查阅文献资料，各种污渍的主要成分或常见清洗方法如下：

（1）汗渍和泥土渍的主要成分基本都可溶于水，汗液中不溶于水的极少量的油脂，用肥皂或洗衣液用力搓洗就可以洗掉。

（2）墨汁主要成分是炭黑，炭黑是肉眼看不见的黑色碳颗粒，直接用清水或普通洗涤剂不容易去除干净。文献中建议用米饭或粥抹在织物的污染处进行洗涤。

（3）马克笔的污渍文献中建议使用"清水浸泡+洗衣液"的方式，这是正常洗污渍的方法。

（4）水粉颜料的主要成分是水溶性的，在日常生活中较易清洗，用洗衣液即可。

（5）血渍分为两种情况：新鲜血渍用冷水浸泡清洗。陈旧的血渍中蛋白质因变性而凝固，可浸泡在浓度10%的氨水中或浓度2%的硫代硫酸钠溶液中，直至血渍消失后水洗。

研究过程

基于以上资料，我们准备了被汗渍和泥土渍、墨渍、马克笔渍、水粉颜料污渍污染的棉质织物，在原有文献资料的基础上，进行探究与改进，采用对比的方法，寻找出最方便和最有效地去除污渍的方法。

1. 实验材料

被不同污渍污染的棉质上衣各1件，水盆2个，肥皂1个，洗衣液1袋，彩漂液1瓶，米饭少许，食盐少许，温度计1支。

2. 实验步骤

（1）准备好待清洗的衣服和选用的洗涤剂，分别放入盆中，进行实验探究，如图10-2和图10-3所示。

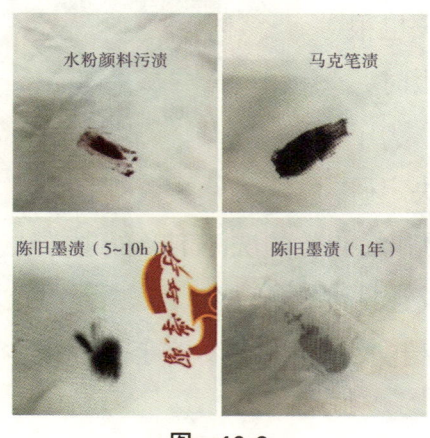

图 10-2

图 10-3

（2）汗渍和泥土渍用肥皂清洗及效果如图10-4所示。

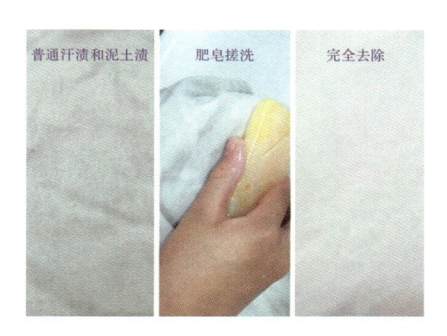

图 10-4

（3）新鲜墨渍分别用肥皂、彩漂液加洗衣液、食盐颗粒清洗及效果如图10-5所示。

图 10-5

（4）陈旧墨渍指我们在学校上书法课滴上的墨渍，晚上放学回家才能清洗，用肥皂、洗衣液，米饭粒、彩漂液单独搓洗或组合搓洗及对应效果如图10-6所示。

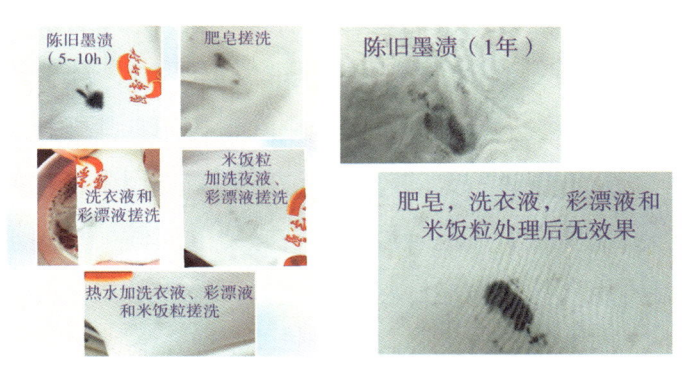

图 10-6

（5）马克笔污渍和水粉颜料污渍用清水清洗及效果如图10-7所示，用肥皂搓洗如图10-8所示，混合液搓洗如图10-9所示。

清水清洗　　　　　　　　　　　　　　肥皂搓洗

马克笔污渍　　水粉颜料污渍　　　　马克笔污渍　　水粉颜料污渍

图　10-7　　　　　　　　　　　图　10-8

洗衣液和彩漂液浸泡搓洗

马克笔污渍　　水粉颜料污渍

图　10-9

研究结论

我们在了解了文献提供的方法基础上，进行清洗污渍的对比实验，对比了不同洗涤剂和处理方法清洗污渍的效果。我们发现普通污渍直接用常见洗涤剂，常温水清洗即可。水粉颜料污渍在文献中提到仅采用一种洗涤剂，我们在此基础上进行了改进，使用了彩漂液和洗衣液混合浸泡搓洗，结果发现效果极好。

对于墨渍，我们发现，及时清洗墨渍是非常必要的。对于新鲜的墨渍，我们采用彩漂液和洗衣液混合浸泡搓洗即可完全去除，再用食盐颗粒在原污渍处用力摩擦，效果更完美。对于不超过一天的陈旧墨渍，则需要用米饭粒使劲儿摩擦搓洗，同时仍然需要用彩漂液和洗衣液混合浸泡，在必要的时候，提高水温，增强彩漂液的去污效果，最后再用食盐颗粒在原污渍处用力摩擦，效果同样完美。总之，墨渍的去除比较困难，我们在写书法或者画画时，一定要小心谨慎。

对于马克笔污渍，我们采用文献中提及的方法并进行改进实验，发现效果都不明显。

研究反思

我们衣服上常见的污渍用清水或洗涤剂去除时，应用的主要原理是溶解污渍或吸附污渍（米饭清洗墨渍），使污渍进一步溶解到水中。但是马克笔污渍用以上方法，无法清除。我们需要进一步查资料，做对比实验，争取采用其他方法以便将马克笔的污渍去除。

教师点评

如何有效洗衣服？这是生活中的实际问题，也是每位同学及家庭日常面对的问题。"探究棉质织物上常见污渍的有效清洗方法"这一选题契合生活实际。研究者从文献入手，基于文献开展了实践探究，分别研究了汗渍和泥土渍、墨渍、马克笔污渍、水粉颜料污渍、血渍等的清洗方法，得出了实用的结论，进行了有效的反思。期待研究者继续探究马克笔污渍去除的有效方法。

成果 11　细菌和真菌怕什么
——用不同方法为橱柜除菌效果的比较研究

焦博涵　靳了祎　徐俪宸

研究背景

厨房是人们日常生活的必备场所，日积月累会滋生很多细菌。我们经常看到父母用抹布擦拭厨房，他们认为这样厨房就干净了。但真实的情况是怎样的呢？怎样才能收到更好的除菌效果？在综合科学课上，我们学习了细菌和真菌的分布十分广泛，桌子上、文具上、衣柜里，它们无处不在。由此，我们提出了第一个疑问：如图11-1所示，橱柜里是不是既有细菌，又有真菌，它们的数量是不是很多，究竟有多少？另外，在我们的日常生活中有很多灭菌方法，如使用小苏打、洗洁精、厨房用纸、沸水以及用酒精、肥皂水等，那么什么方法能使细菌和真菌的数量相对少，确保橱柜的卫生，从而保障我们的饮食健康，呵护我们的身体健康？为此，我们展开研究。

图 11-1

研究过程

1. 实验材料

经过高温灭菌的细菌和真菌培养皿7个；无菌棉棒7个；清洁、杀菌用具6种：75%的酒精，洗洁精，厨房用纸，100℃沸水，浓度约75%的肥皂水；小苏打；温度计1个；计时器1个。

2. 实验内容

我们一共进行三个环节的实验，分别研究：

（1）橱柜中是否既有细菌又有真菌，以及它们的数量。

（2）哪一种杀菌方式能使橱柜内细菌和真菌的数量最少。

（3）验证"实验环节二"，力求得出科学的结论。

3. 实验方法

以实验法和观察法为主。

4. 实验过程

在实验之前，我们将家中橱柜平均分成7个格，分别标记序号为①~⑦（由于橱柜处于共同环境之下，所以默认每个格子中的细菌/真菌数量相同）。

（1）实验环节一：研究橱柜中是否既有细菌又有真菌，以及它们的数量。

1）做出假设：种类丰富（既有细菌也有真菌），且数量较多。

做出假设的依据：学习了细菌和真菌无处不在的知识，认为细菌和真菌在橱柜中一定存在。

2）实施计划。

①采样。在橱柜1号格子中用无菌棉棒采样，如图11-2所示。

②接种。用无菌棉棒在培养皿中均匀涂抹样品，如图11-3所示。

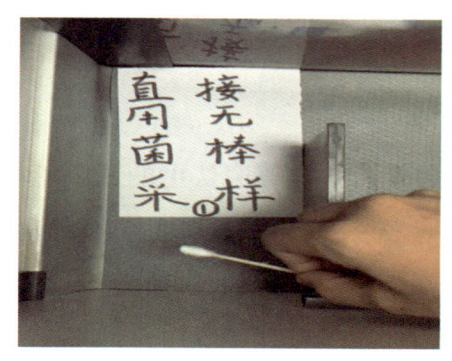

图 11-2   图 11-3

③培育。室内温度控制在27℃左右，保持培养皿避光、密闭存放，如图11-4所示。

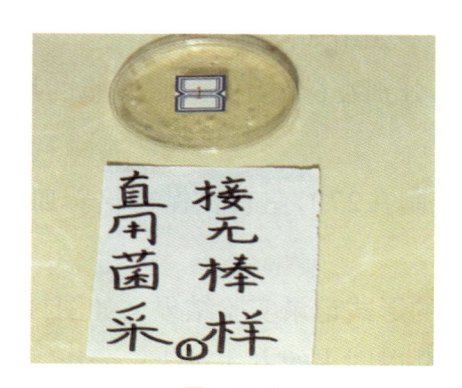

图 11-4

④观察记录。观察培育后的菌落的形态,分辨其类别,记录细菌与真菌的数量,如图11-5所示。

真菌菌落数量:3个
细菌菌落数量:50个

图 11-5

3)得出结论:橱柜中既有细菌又有真菌,且数量较多。

(2)实验环节二:研究哪一种杀菌方式能使橱柜内细菌和真菌的数量最少。

1)做出假设:用75%的酒精杀菌效果最佳。

做出假设的依据:75%的酒精是日常生活中被普遍认可的杀菌工具,在接种疫苗前,医生经常用75%的酒精擦拭胳膊来杀菌,我们认为用它对橱柜杀菌会有很好的效果。

2)实施计划。

①杀菌和采样。用75%的酒精为橱柜2号格子杀菌,用洗洁精为3号格子杀菌,用厨房用纸为4号格子杀菌,用适量的100℃沸水为5号格子杀菌,用浓度约75%的肥皂水为6号格子杀菌,用小苏打为7号格子杀菌。然后用无菌棉棒在6个橱柜格子中进行采样,6个对照组如图11-6所示。

②接种。用无菌棉棒分别在6个用作对照实验的培养皿中轻轻均匀涂抹样品,如图11-7所示。

③培育。室内温度控制在27℃左右,保持培养皿避光、密闭存放3天,如图11-8所示。

④观察记录。以图片的形式记录实验结果,如图11-9所示,观察各个培养皿中细菌和真菌菌落的数量并以图表的方式对比、分析。

图 11-6

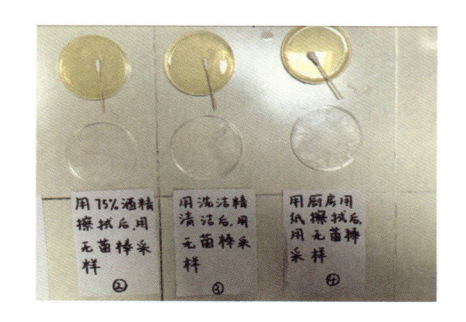

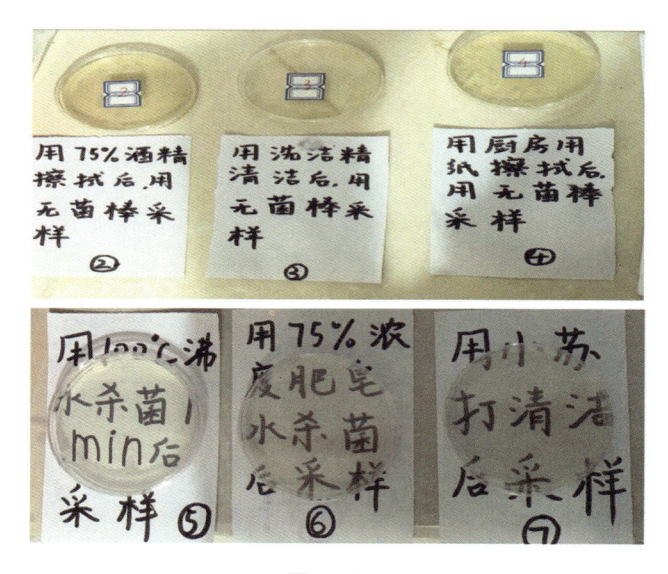

图 11-7

图 11-8

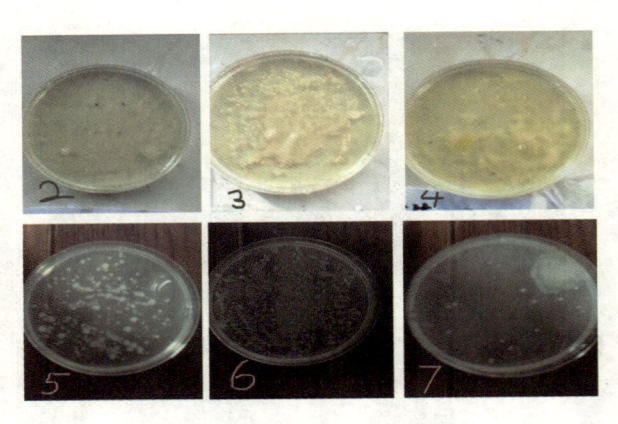

图 11-9

⑤实验结果：6个用作对照实验的培养皿中菌落数量如下，柱状图如图11-10所示：

2号培养皿（用75%的酒精杀菌）中菌落数量约10个。

3号培养皿（用洗洁精杀菌）中菌落数量约240个。

4号培养皿（用厨房用纸杀菌）中菌落数量约45个。

5号培养皿（用100℃沸水杀菌）中菌落数量约120个。

6号培养皿（用浓度约75%的肥皂水杀菌）中菌落数量约800个。

7号培养皿（用小苏打杀菌）中菌落数量约23个。

3）得出结论：用75%的酒精杀菌效果最佳。

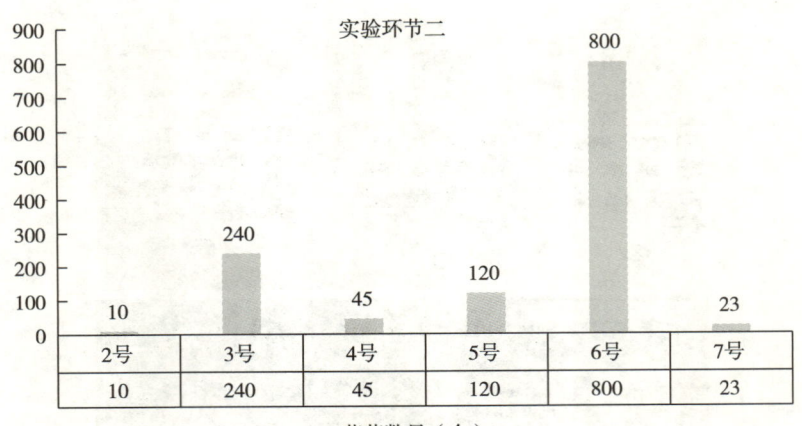

实验环节二

	2号	3号	4号	5号	6号	7号
菌落数量（个）	10	240	45	120	800	23

图 11-10

（3）实验环节三：验证"实验环节二"，力求得出科学的结论。

1）做出假设：用75%的酒精杀菌效果最佳。

做出假设的依据：75%的酒精是日常生活中被普遍认可的杀菌工具，在接种疫苗前，医生经常用75%的酒精擦拭胳膊来杀菌，我们认为用它对橱柜杀菌会有很好的效果，而且实验环节二中被75%的酒精杀菌后的橱柜格子中菌落数量最少。

2）实施计划。

①将杀菌用品投入对应培养皿，如图11-11所示。

将2号培养皿中注入75%的酒精，3号中注入洗洁精，4号中放入厨房用纸纸浆，5号中注入100℃沸水，6号中注入浓度约75%的肥皂水，7号中注入小苏打溶液。控制杀菌用品剂量为20mL（能够使杀菌液体没过培养基表面），杀菌时长相同，保证实验中变量仅为杀菌方法的不同。

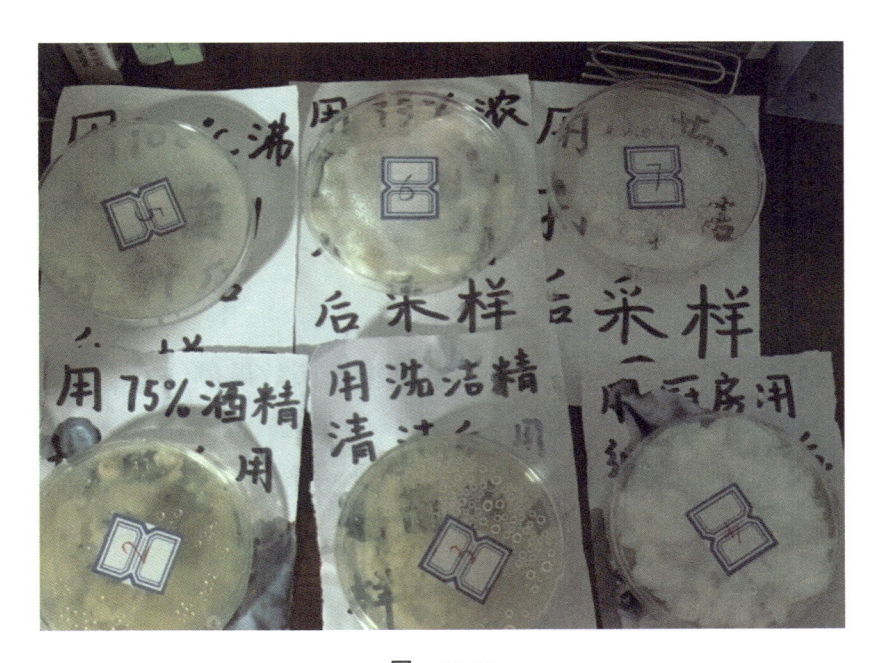

图　11-11

②培育。室内温度控制在27℃左右，且保持培养皿避光、密闭存放。

③观察记录。以图片的形式记录实验结果，观察各个培养皿中细菌和真菌菌落的数量，并以图表的方式对比、分析数据。

④实验结果：6个用作对照实验的培养皿中菌落数量如下，数量对比如图11-12所示：

2号培养皿（用75%的酒精杀菌）中菌落数量约3个。

3号培养皿（用洗洁精杀菌）中菌落数量约12个。

4号培养皿（用厨房用纸杀菌）中菌落数量约41个。

5号培养皿（用100℃沸水杀菌）中菌落数量约59个。

6号培养皿（用浓度约75%的肥皂水杀菌）中菌落数量约91个。

7号培养皿（用小苏打杀菌）中菌落数量约23个。

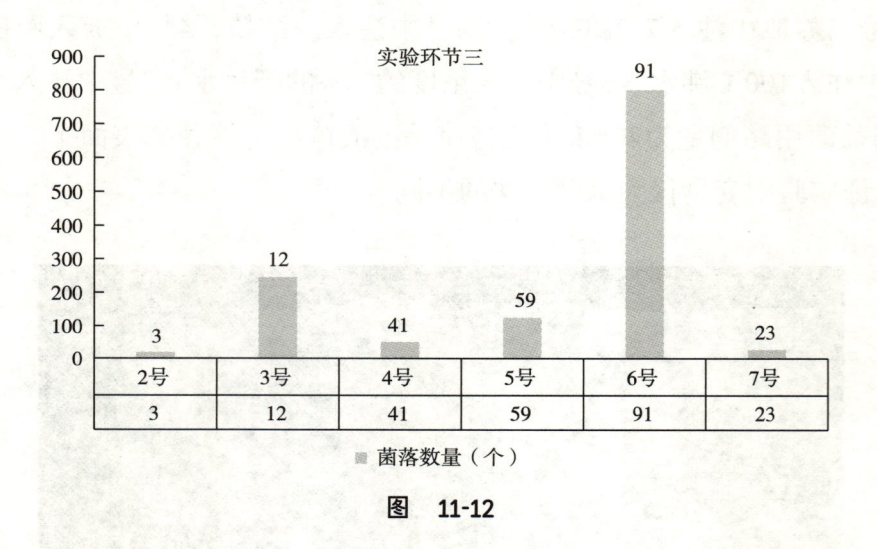

	2号	3号	4号	5号	6号	7号
菌落数量（个）	3	12	41	59	91	23

图 11-12

3）得出结论：假设成立——用75%的酒精杀菌效果最佳。

5. 实验讨论

看到各个培养皿中这些神奇、有趣且相差较大的菌落数量，我们进行了一一分析。实验环节一中，1号培养皿培养完的真菌菌落数量约3个，细菌菌落数量为50个，共53个菌落。这表明橱柜中既有细菌，又有真菌。

在实验环节二中，3号、5号、6号培养皿（分别对应用洗洁精、100℃沸水、浓度约75%的肥皂水进行杀菌）中的菌落数量超过了53个。不是已经用杀菌用品进行杀菌了吗，为什么菌落数量反而更多了？我们对此展开讨论。联系实际生活后，我们分析如下：这些杀菌用品，被打开包装或者被使用过，于是混有细菌和真菌，所以，用这些被污染的杀菌用品清洁橱柜后，也就留下了更多的细菌和真菌。

在实验环节三中，2号、4号、7号（分别对应用75%的酒精、厨房用纸、小苏打进行杀菌）中的菌落数量低于53个，所以，这些杀菌用品基本不存在污染，具有较稳定的杀菌效果。其中，酒精的杀菌稳定性最好，其次是洗洁精。

研究结论

（1）通过实验环节一，我们可知，橱柜中既有细菌又有真菌，细菌和真菌的种类丰富且数量较多。

（2）在对橱柜杀菌的过程中，我们要注意方法的使用。从实验环节二和三中6个培养皿细菌和真菌所含数量所示，酒精具有稳定的杀菌效果，是最好的。

（3）通过实验环节二，我们还可知道，有的杀菌用品本身容易带来细菌和真菌的污染。

研究反思

实验告诉我们细菌和真菌无处不在，尽管我们无法用肉眼看见。所以建议同学们经常对橱柜进行杀菌，保护我们和家人的健康。

杀菌用品的选择和自身卫生也至关重要。实验中，我们出乎意料地看到有些杀菌用品自身还会给橱柜带来细菌和真菌的污染。所以，同学们不仅要及时对橱柜进行杀菌，还要注意保证杀菌用品的卫生，否则会适得其反。我们要做到不使用杀菌用品的时候密闭存放它们，使用完毕后进行适当清洁，力争最大限度保证橱柜清洁，来守护家庭健康。

实验结束后，我们对家长以及亲戚朋友共30人进行了访谈，询问他们对使用75%的酒精清洁橱柜的看法。约80%的人认同这种消毒方法是最好的，不过他们说自己家中的备用酒精不是很多，更希望用这些有限的酒精进行双手等的消毒。

从实验结果看，使用洗洁精消毒橱柜的稳定性位居第二。综合来看，我们倡议大家根据家中情况，使用75%的酒精或洗洁精消毒橱柜，用75%的酒精消毒橱柜的效果最佳，但请注意避开火源。

通过查询资料，我们了解了乙醇是一种有机化合物，俗称酒精。乙醇在常温常压下是一种易挥发的无色透明液体。75%的酒精与细菌的渗透压相近，可以在细菌表面蛋白未变性前逐渐不断地向菌体内部渗入，使细菌所有蛋白脱水、变性凝固，最终杀死细菌。酒精浓度低于75%时，由于渗透性降低，也会影响杀菌能力。本次实验中，我们选用的是75%的酒精，75%的酒精杀菌效果好，所以建议同学们在生活中对橱柜杀菌时选用75%的酒精，能够更加有效地消杀橱柜中的细菌和真菌。

这里建议同学们选择75%的酒精制造的喷雾、酒精湿巾和棉片等进行杀菌，因为它们的杀菌效果更有保障，得到的认可更多。

洗洁精的主要成分是烷基磺酸钠、脂肪醇醚硫酸钠、泡沫剂、增溶剂、香精、水、色素和防腐剂等。烷基磺酸钠和脂肪醇醚硫酸钠都是阴离子表面活性剂，是石油化工产品。部分洗洁精有杀菌成分，可以杀菌，时常使用有助于居家卫生，避免病菌传染，但其杀菌作用没有去污作用效果突出。

综上所述，大家可根据家中情况，用酒精或洗洁精这两种杀菌工具对橱柜进行杀菌。要记住，定期用酒精杀菌是很有必要的，因为它的杀菌稳定性最强，它才是真正的细菌和真菌"杀手"！

教师点评

如何为橱柜杀菌？"用不同方法为橱柜除菌效果的比较"这一研究选题契合生活实际需求。研究者通过对比75%的酒精、洗洁精、厨房用纸、100℃沸水、浓度约75%的肥皂水、小苏打等的杀菌效果，得出酒精杀菌效果最佳的结论。与此同时，研究者讨论了洗洁精、100℃沸水、浓度约75%的肥皂水这些杀菌用品可能被污染从而导致菌群增加的可能性。为什么推荐75%的酒精的同时还推荐洗洁精，却不推荐小苏打？研究者是否还做了重复实验？

第 2 篇

发明创造篇

成果 12

不再"作茧自缚"的蚕宝宝
——养蚕实践中的创新探索

赵 辰

🔍 研究背景

我们每个人都在科学课上学习过蚕的知识。从小黑芝麻粒大小的蚕卵，到小蚂蚁一般的一龄蚕，再慢慢长大为二龄、三龄、四龄蚕。蚕在幼虫的时期会蜕四次皮，每蜕一次皮就长一龄，身体就会长大一点，而且越长越大，越长越粗，越长越白。等蜕了四次皮后，就成了五龄蚕了。这时，蚕再吃几天桑叶后就要开始吐丝结茧了。

我发现，要吐丝的蚕都会找一个角落，利用立体的空间，来搭建自己的蚕茧。一开始，我也给它们制作了"格子间"，让它们都能安心结茧，如图12-1所示。但我突然想到，如果蚕宝宝没有了立体的空间角落，它们能够凭空搭建一个精美的蚕茧吗？于是，我在家里开始了一些新的探索和尝试。

图 12-1

⏰ 研究过程

1. 平面吐丝

我选择了家中一个光滑的长方形托盘（37㎝×28㎝），把要吐丝的蚕宝宝放在托盘上。蚕宝宝爬来爬去，头晃来晃去，似乎在找寻一个结茧的角落。但最终，当它们找不到合适的地方后，便开始在托盘的平面上吐丝……蚕丝慢慢平铺在了托盘上，形成了莹莹发光的一片，摸起来滑滑的、凉凉的，如图12-2所示。

图 12-2

2. 集体织造

看到蚕宝宝们在平面上也能自由吐丝，我想，如果更多蚕能够一起吐丝，铺满整个托盘，会不会编织出一块天然的蚕丝手帕呢？于是，我把要吐丝的蚕陆续放在托盘上，如图12-3所示。因为蚕宝宝吐丝有先有后，节奏不同，所以同时"工作"的蚕大概有十几条，前前后后大约有30条蚕参与了吐丝。这些蚕宝宝一边吐丝一边爬来爬去，它们经常会爬到托盘边缘，但不要担心，一会儿它们就会回到托盘上。有时候蚕宝宝们会聚集在一处，有可能造成吐丝不均匀。如果想把丝帕织得薄厚均匀，就需要注意观察，及时把蚕宝宝放到那些较薄处"救急"，补上空档。

图 12-3

3. 丝尽成蛹

我原本猜想，如果蚕不能结出茧，它们或许会继续吃桑叶，补充营养，不断吐丝，那样的话，是不是能够提高蚕丝的产量？可是，蚕宝宝用实际行动回答了我：在它们吐尽最后一根丝后，也不会再吃桑叶，而是像在蚕茧中一样，慢慢僵硬，颜色越来越深，化为了外层没有丝茧的蛹，如图12-4所示。最后蚕破蛹而出，羽化成蛾。一开始，我也怕不能结茧对蚕宝宝造成损害。实践证明，蚕在大自然中生存时，丝茧起到固定和保护蚕蛹的作用。如果没有了茧的外壳，我们将蚕蛹好好保存，也不会影响它们后续的生长变化。

| 吐尽丝后的蚕 | 裸露着逐渐变色成蛹 |

图 12-4

研究结论

通过这次蚕吐丝方式的创新探索，我得到以下结论：

（1）随形吐丝，编织成品：蚕宝宝不再是"作茧自缚"，而是变身为"织造师"，随形吐丝制作出精美的蚕丝制品。图12-5和图12-6中展示的就是我用托盘和碗作为模具，由蚕宝宝所织成的蚕丝手帕和蚕丝碗，是不是非常神奇？下次我还想制作更多的模具，探索让蚕宝宝们织出更加精美的成品。

图 12-5　　　　　　　　　　　　图 12-6

（2）科学称重，丝的重量研究：经查阅资料，一个丝茧的重量应该在0.4g左右，丝的长度可以达到几百米，甚至上千米。我亲手进行了测量，将空的丝茧进行称重。为了减少误差，我随机选择了5个比较完整的丝茧进行称重，共重1.97g，如图12-7a所示，平均每个丝茧约0.39g。

同时，我也对实验中获得的丝帕进行了称重，重量约6.17g，如图12-7b所示。这是约30条蚕参与制作的，平均每条蚕吐丝约0.2g。真是奇怪，这次计算出的单个丝茧的重量和前一次计算出的0.39g差别比较大。这又是为什么呢？经过思考和分析，我终于发现，我前一次称重的丝茧内部有蛹蜕和一些脏东西，这些重量应该就是产生误差的主要原因。同时，在制作丝帕的时候，我都是使用已经吐丝的蚕，这里面应该也造成了一定的误差。总的来说，蚕丝真的是非常轻薄，怪不得被形容为"轻若烟雾，薄如蝉翼"。

a）　　　　　　　　　　　　b）

图 12-7

（3）直观观察，收获蛹蜕：吐丝后的蚕直接化成了没丝茧的蛹，让以往在蚕茧中发生的难以观察到的变化过程，完全展现在我们面前。同时，我因此得到了平时难以得到的蛹变蛾时蜕下的皮，如图12-8所示，十分完整、十分珍贵！

图 12-8

研究反思

都说蚕浑身都是宝，除了对蚕丝的探索外，我在观察蚕的成长变化过程中，也注意收集蚕宝宝每个阶段的产物以及养蚕的物料，收获了很多有意义的实物，对蚕有了更为全面的了解；我也利用这些实物学习探索了一些有趣的用法，增添了养蚕的趣味性和创造性。

（1）蚕蜕：从蚕长大到化蛹、化蛾的过程中，我收集了完整的一龄蚕到四龄蚕所蜕下的皮，也就是具有药用价值的蚕蜕，还获得了比较完整的蛹蜕，如图12-9所示。

图 12-9

（2）蚕沙：蚕宝宝的粪便，也具有一定的药用价值。我用收集的整整一罐蚕沙作为枕芯的填充物，如图12-10所示，后来制作了蚕沙枕。我收集并对比了一龄蚕到五龄蚕的蚕沙大小，如图12-11所示。

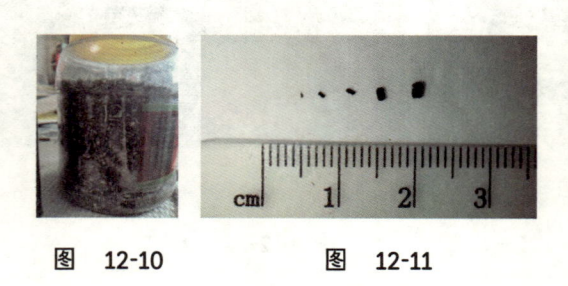

图 12-10　　图 12-11

（3）蚕蛹：如图12-12所示，有很高的药用价值和营养价值，可以食用，但是我仍然不忍心。

图 12-12

（4）蚕茧：我用一些完整的蚕茧制作了很多创意美术作品，比如手指玩偶、蚕茧画等，如图12-13所示。

图 12-13

（5）桑叶：我把养蚕剩余的桑叶晾干后，和大米、姜丝一起炒制成桑叶茶。如图12-14所示，沏泡开的桑叶茶裹着一股浓浓的米香，十分好喝。

图 12-14

教师点评

每次看孩子们的探究实践案例，我既打开了脑洞，产生无限想象，又为他们研究的规范性和有感染力的表达而感到骄傲。

赵辰同学从传统养蚕的细致观察中，提出"如果蚕宝宝没有了立体的空间角落，它们能够凭空搭建一个精美的蚕茧吗"这样一个很有创意的问题。他经历一个简单实践，得出蚕宝宝可以"平面吐丝"的结论。

之后赵辰同学又提出"如果更多蚕能够一起吐丝，铺满整个托盘，会不会编织出一块天然的蚕丝手帕呢"这一极具想象力的好问题。赵辰同学直接把蚕宝宝的吐丝成茧分解为了"造丝"和"织丝"两个过程，把"织丝"所需的"立体"角落环境这一因素加以改变，变为"平面"环境，进行了环境重构，直接把蚕宝宝变身为既是"造丝巧匠"又是"织丝能手"，这是典型的创新思维。孩子在想象力的驱动下，进行了持久探索，并以连续、细致和深入的观察，获得了多样的蚕丝产品！这是一个多么让人惊奇和激动的结论！

紧接着他又进行新的猜想，提出"蚕如果不能结出茧，它们或许会继续吃桑叶，补充营养，不断吐丝，那样的话是不是能够提高蚕丝的产量"。在这个问题的驱动下，赵辰发现了蚕茧起到的是对蚕蛹的固定和保护作用。随后，他将成茧与平面吐丝量进行对比分析，提出了产生误差的可能的影响因素，为之后继续进行科学探究提出了新问题、新方向。

这个案例，为小学阶段科学教育提供了很好的示范，让我们看到在常见的真实情境中，通过深入的多角度观察，学生能不断地提出猜想。在这个过程中，需要教师对学生有良好的科学思维培育，更需要教师以规范的科学研究方法指导学生进行探究，使其建立多因素的相关联系，提出可能性问题，经历深入的实践、观察、记录、分析，形成一定的研究结论。

建议：对"平面吐丝"和"角落吐丝"再进行一个更细致的对比说明，从探究的角度提出一个更深入的科学问题，从而引导后续研究，这是一个很重要的步骤，也是培养科学素养的重要环节。想到What之后，进行了How的实践，如果再从Why的角度进行分析、说明、解释，这是非常重要的。例如，通过摄像记录对比，从在立体角落里和在平面上吐丝的差异分析中，提取出成茧和成"帕"的原因，是个不错的角度。

| 成果 13 | 自制酒精消毒皂 |

赵雨薇

研究背景

我了解到勤洗手、多用酒精消毒杀菌是保持个人卫生的基本方法，我在想如果自己能制作出既具备基本的清洁功能，又具备消毒杀菌功能的肥皂该多好。

研究过程

1. 制作目的
调配75%的酒精（医用酒精），制作酒精消毒手工皂。

2. 制作的材料和工具
96%vol伏特加，56%vol红星二锅头，纯净水，固体皂基，牛奶，橄榄油，各种色素，菠菜，香精，新鲜薄荷叶，起泡剂。

模具，搅拌机，刮刀，电锅，不锈钢碗，量杯，计时器，塑料包装袋，湿纸巾，做记录的纸和笔等。

3. 制作方法
我之前制作过几次普通的手工皂，现在做的是添加酒精的手工皂，那么问题来了，是用药店购买的医用酒精还是自己调制酒精呢？我对酒精的知识了解有限，我想了解更多的酒精知识，所以决定自己调配酒精。

我首先需要搞明白医用酒精的制取过程，我查资料了解到医用酒精制取的一种方法是用淀粉类植物经糖化再发酵、蒸馏制成，相当于制酒的过程，但其蒸馏温度比酒低，蒸馏次数比酒多，酒精度高，含酒精以外的醚、醛成分比酒多，不能饮用，但可接触人体，可以医用。而目前我还不具备制酒的条件或直接蒸馏提炼酒精的条件，有没有更适合我调配的方法呢？我继续查资料，咨询了解到纯酒精或水单独使用都不能使蛋白质变性，只有当水和酒精同时存在时，酒精溶液才显示出使蛋白质变性的能力。这是因为蛋白质是一种复杂的大分子结构，由螺旋状的长链组成，需要水和酒精共同作用，从而破坏蛋白质的立体结构，使其失去生理活性。因此，只有一定浓度的酒精溶液，才能达到良好的消毒杀菌效果。

那么酒和水可不可以直接调配出酒精呢？这个方法可不可行呢？用什么酒和水来调配呢？调配比例是多少呢？一个问题接着一个问题考验着我。继续查资料，我查到了利用高度数酒类调配医用酒精。世界上酒精度最高、最烈性的酒伏特加，其主要酿造原料是谷物和薯类，经过70回以上的反复蒸馏，达到96%的酒精度。直接用更高度数的酒精杀毒不更好吗？为什么要用75%的酒精呢？原来75%的酒精可以兼具蛋白质凝固作用及穿透效果，可以达到彻底的杀菌功能。酒精可以引起蛋白质变性，导致细菌或是病毒的死亡。高浓度酒精能将细菌表面的蛋白质迅速凝固，但是也仅止于外层，对于一些细菌来说，它的内部仍是活性的，所以杀了等于没杀。比如，新型冠状病毒的结构特点：病毒主要由遗传物质和蛋白质组成，是介于生命和非生命之间的一种物质形式，是由一个或多个核酸分子（DNA或RNA）组成的基因组，其外面有一层蛋白或脂蛋白的保护性外壳，适用75%的酒精消杀。病毒结构示意图如13-1所示。

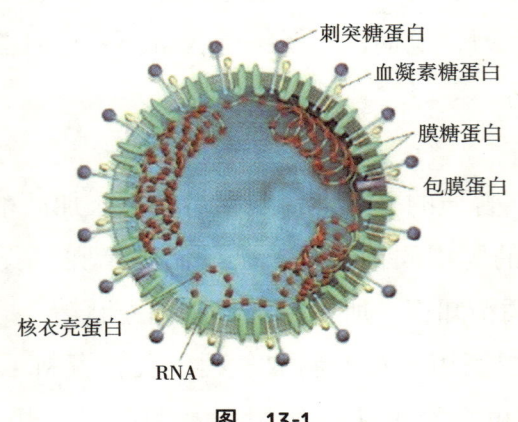

图 13-1

经过查询资料和学习，我对酒精和病毒有了一定的了解，于是我决定用酒精度高达96%的伏特加来调配75%的医用消毒酒精。

4. 制作的步骤

（1）调配酒精的方法。

方案一：用96%vol伏特加直接加纯净水，酒精度降到75%vol。用称量容器按体积配比配制，体积配约比为：96%vol伏特加：纯净水=3.6：1。这种方案1L96%vol伏特加只能获得约1.28L的医用酒精（忽略了液体密度）。怎么能配制出更多的医用酒精呢？

方案二：选用高度数白酒与96%vol伏特加。比如用伏特加96%vol加56%vol红星二锅头，调配75%vol医用酒精。用称重的方法配制，重量配比为：96%vol伏特加：56%vol红星二锅头=1：1.323。根据了解到的调配方案，我想调配出更多的医用酒精用来消毒杀菌，所以，我使用了方案二。我把备好的96%vol伏特加和56%vol红星二锅头按比例调配，我发现这个比例相当于是相同容量的1瓶伏特加加1瓶红星二锅头，然后我小心地把两瓶酒倒进准备好的一个大量杯中，用搅拌棒搅拌均匀，医用酒精调配成功。

这个过程看似简单，好操作。但做这种调配工作安全最重要，这个时候我也更加懂得了提前了解酒精知识的重要性。因为酒精属于易燃物，所以一定要远离明火、高热。做手工皂需要用锅把水烧沸腾来融化皂基，所以医用酒精配好后再把水烧沸，安全第一，不要同时一起做。为了控制好后面需要倒入皂液的医用酒精量，我把调配好的一部分医用酒精先倒入100mL的空瓶中，备用。

（2）手工提取绿色菠菜汁。

我想做出皂基的颜色更丰富些，已有的配料里缺绿色的色素，用什么办法呢？眼前准备的锅提醒了我，可以用蔬菜的颜色！我觉得菠菜不错，叶子薄，洗菠菜时盆中的水往往会变成绿色。开始行动了，我备好菠菜和湿纸巾，湿纸巾是用来临时代替纱布的。将菠菜煮熟后，用洗干净的湿纸巾将熟菠菜包裹起来，挤出菠菜汁。具体方法如下：①菠菜在清水内泡20min后洗净；②把菜根切掉后切成段；③锅内倒入适量水后把菠菜倒入锅内；④水开后烧1min，然后把水倒掉，相当于把菠菜焯一下水；⑤在锅内倒入少许水，烧开后，把焯好水的菠菜倒入，煮2min；⑥煮熟后，用凉水冲洗菠菜，之后把菠菜包在湿纸巾里挤压出绿色菠菜汁，备用。剩余的菠菜还可以再使用，我顺便学做了一道凉拌菠菜。

(3) 制皂。

我按之前做手工皂的成功经验，结合制皂的说明方法，先用电锅加热至水开后把盛着250g固体小条状皂基的不锈钢碗放入锅中，继续加热，用搅拌机搅拌，直至皂基完全融化，固体小条状皂基融化为皂液用时约5min。此时，我发现了一个令我疑惑的新问题，为什么用小于锅直径的不锈钢碗盛固体皂基放入锅中皂基需要半小时融化时间，而使用大于锅直径1cm的碗盛却只需要5min？时间差距这么大！这次我用的还是同一个锅，直径为16cm，换了直径是17cm的大碗。记得之前用的小碗直径小于锅的直径，小碗像小船一样在锅里漂来漂去，约"漂"半小时。这次大碗直接置于锅口处纹丝不动，5min后固体皂基彻底融化。用碗大小不同，竟然相差约25min！这次我无意间提高了时间效率，这也引起了我的思考和探究的兴趣。遇到问题解决问题，我上网查资料，原来是因为大碗遮盖锅口的面积大，锅内温度能保持，热量减少流失。

当皂基完全融化后，取出大碗放置2min，然后把皂液和调配好的75%的酒精与菠菜汁、牛奶、橄榄油、香精等迅速加入量杯中，继续仔细搅拌，直至橄榄油等彻底均匀地分布开来。这时我整点小创意，我在其中几个模具里放入新鲜的薄荷叶（自己种植在花盆的薄荷，现摘现用）。然后再把用各种色素调配好的几种不同颜色的皂液分别倒入模具。我按自己心中所想：我要双色的，我要多色的，我要单色的……做了许多类型（注意：做双色时，先倒入一种颜色的皂液，待稍微凝固后再倒入另一种颜色的皂液）。倒模时用刮刀挡住上面的气泡，以免制作出的手工皂带窟窿眼，影响美观。最后静等它们凝固，计时1.5h后脱模。

根据之前查询的方法，每250g固体皂基加50mL牛奶、50mL医用酒精、10滴橄榄油、10滴香精、2滴色素、3mL起泡剂等，但我现在做出来的第一批酒精手工皂凝固的硬度不好，脱模时软软的，拿来洗手整个皂碎开了，这次为什么会失败呢？问题出在哪里呢？我看着这一堆配料，然后把它们一个一个排好队，摆整齐，我从它们身上仔细查找原因，把每个配料和用量写在纸上一一筛查。原来问题就出在医用酒精上，这次皂基里多添加了50mL医用酒精，添加的液体太多了。太多的话，手工皂的凝固硬度会受影响，皂软，不易使用。如果我不再添加牛奶，用50mL的医用酒精代替50mL的牛奶会成功吗？

"简单的事重复做，你就是专家！重复的事用心做，你就是赢家！"我真的成功了！我融化新的皂基，控制皂基融化后加入的配料液体量，省去香精和色素，橄榄油由10滴减为5滴，减去50mL的牛奶，加入50mL的医用酒精，我把不成功的手工皂按颜色分类，再按颜色单独重新融化，作为加入新皂基的色素使用。倒模，计时凝固，最后脱模取皂，试皂。成功了！我感觉我的桌子就像一个小型加工厂，锅碗瓢盆，瓶瓶罐罐，摆了一桌子，一个个漂亮的小肥皂就在我的"桌子工厂"里生产了出来，如图13-2所示。看着这么多亲手制作的"小产品"，我赶紧拍照记录自己的成果。

图 13-2

酒精消毒手工皂从模具中取出后要及时装在备好的塑料包装袋里，如图13-3所示，以免干瘪。把装好袋的酒精消毒手工皂放在通风处，避开日光直晒。放置几天后再使用效果更好，用酒精消毒手工皂洗手，比用普通皂洗手更令人感到手凉凉的，像喷雾酒精喷在手上的感觉。因为酒精消毒手工皂制造的过程中添加了大量的酒精，所以与普通皂相比它更能起到消毒杀菌的作用。

图 13-3

研究结论

制取手工皂时，添加的液体太多的话，手工皂的凝固硬度会受影响，皂软，不易使用。

研究反思

在这次制作过程中我收获了这么多实用美观的"小产品",学到了许多新知识,更高兴的是我自己也可以做一些力所能及的事,以便于做好消毒杀菌防护工作。

教师点评

将酒精消毒液跟洗手皂相结合,这样一个简单关联就体现了学生的创造性。这样一个创新实践的过程,既驱动了学生主动学习酒精消毒的科学原理,又促进学生在操作中获得实践经验,是一个适合学生的实践类学习活动。

本案例中,研究者用高度数的酒混合稀释得到75%的酒精,其中忽略了液体密度不同,直接将体积相加,在科学严谨性方面有些欠缺。若考虑到成本问题,建议直接购买75%的酒精。另外,该实验将75%的酒精加入洗手皂液后,性状发生了改变,应该不具备原先的杀菌消毒效果,这方面也需要考虑。

成果14 利用多种材料制作全息投影仪

李语歌　张怀溪

研究背景

我们的创新实验是制作全息投影仪,灵感来自于我们曾经看的一部电影中的一个神奇的体验。在电影《蜘蛛侠》中,最核心的技术秀无疑是全息投影。片中的反派神秘客将全息投影搭载在无人机上,利用无人机的机动性,快速地改变摄像头的角度,实现多场景、多视角的变幻效果。蜘蛛侠就在这全息幻境中与神秘客展开对决，光怪陆离，魔幻而奇异，算是影片的一大亮点。

经过查阅资料，我们了解到这种技术叫全息投影。关于它的研究早在20世纪40年代就开始了，1947年匈牙利科学家在研究电子显微镜的过程中，首次提出了"全息术"这一概念。它是指利用光的干涉原理，以条文形式记录物体发射的特定光波，并在特殊条件下使其重现，形成可视的三维图像。

但是在此后很长的一段时间里，因为受到技术和材料的限制，全息投影技术的发展非常缓慢。直到近年来，随着科技的不断发展，全息投影技术也加快了它发展的步伐。

研究过程

我们对投影的形成产生了非常浓厚的兴趣，因此我们进行了这次创新实验，以下是我们的实验过程。

1. 实验一

（1）实验材料。

塑料瓶1个，剪刀1把。

（2）实验步骤。

①把塑料瓶的顶部剪下来，如图14-1所示，去掉瓶盖。修剪上下切面，让切面平整。

②将剪下的塑料瓶顶部对折，然后再对折，如图14-2所示。

图 14-1

图 14-2

③在手机上搜索"全息投影素材视频",在比较暗的环境中播放视频,我们将塑料瓶顶部放置在手机播放视频的中间,如图14-3所示。

图 14-3

(3)实验结果。

从手机的平行面观看塑料瓶顶部中间部位,当看到了全息影像时,我们觉得还是挺震撼的。但是,画面不是特别清晰。

(4)实验思考。

我们考虑是否可以通过改进实验材料,让画面更加清晰。我们想尝试着用亚克力板来作为实验材料。

2. 实验二

(1)实验材料。

白纸1张,笔1支,亚克力板(0.2mm厚)4块,裁纸刀1把,剪刀1把,透明胶带。

(2)实验步骤。

①在纸上设计出一幅实验图,如图14-4所示。

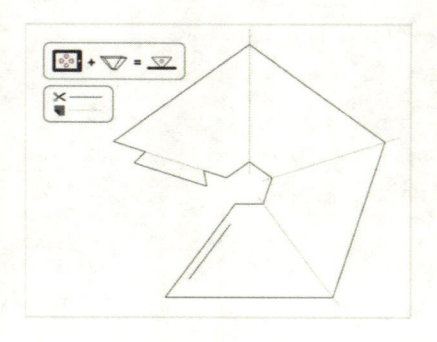

图 14-4

②按图纸样式，将4块厚度是0.2mm的亚克力板裁成高度是3.5cm、上底长1.5cm、下底长6cm的4块相同大小的等腰梯形，如图14-5所示。

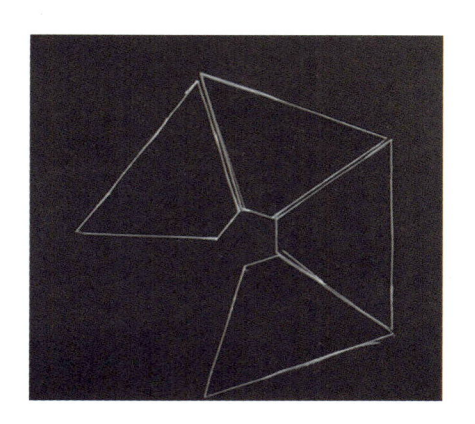

图　14-5

③我们用透明胶带将4块形状、大小完全一样的亚克力板连接固定起来，组成一个立体图形，如图14-6所示。

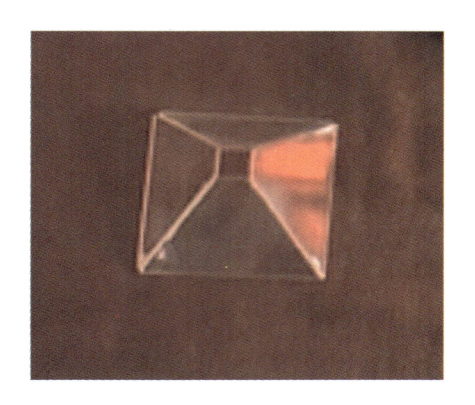

图　14-6

④将立体图形放置在投影源上，进行投影。

（3）实验结果。

①这次在进行最后一步投影时，我们发现了一个有趣的现象，就是投影源的方向是不一样的，有的投影源如图14-7a所示，而有的投影源如图14-8b所示。经过实验，我们发现，如果投影源是图14-7a所示的情况，那么在设备上我们需要将实验材料（立体图形）如图14-7b这样放置。

a）　　　　　　　　　　b）

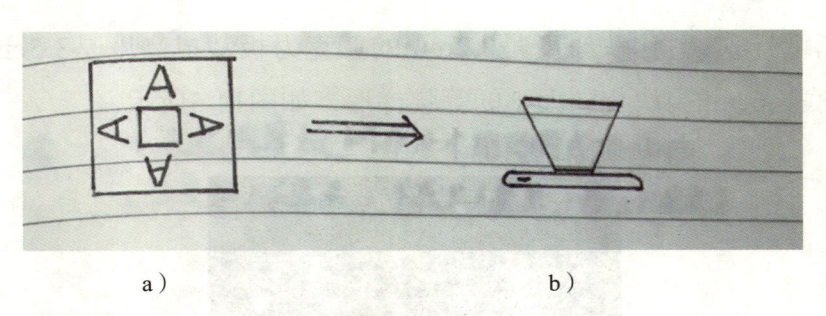

图 14-7

反之，如果投影源是图14-8a所示的情况，那么就需要将实验材料（立体图形）倒过来放置，如图14-8b所示。

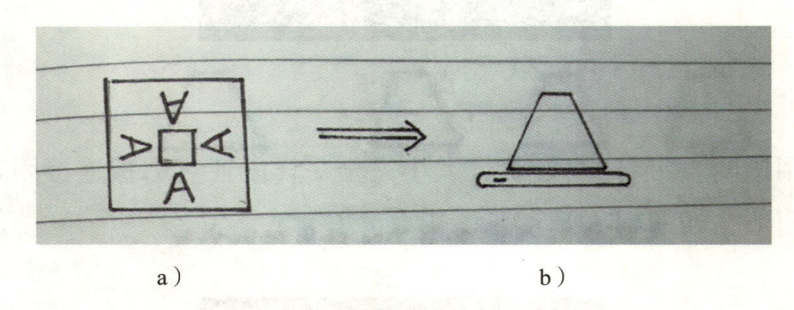

a）　　　　　　　　　　b）

图 14-8

②我们发现在投影的过程中有重影的现象。

（4）实验思考。

经过实验我们发现全息投影成像效果与材料的厚度有关。用0.2mm厚的亚克力板制作的实验材料，在投影时会产生重影，原来这是由于亚克力板进行的二次反射，使它产生了重影。

针对这个重影的问题，我们决定尝试用第三种材料再次进行实验。

3. 实验三

（1）实验材料。

白纸1张，透明薄板（0.2mm厚）4块，直尺1把，笔1支，刀（或剪刀）1把，透明胶带。

（2）实验过程。

①制作等腰梯形模板（上底长1.5cm，下底长6cm，高3.5cm），如图14-9所示。

图 14-9

制作4个相同的等腰梯形透明薄板。

②将4个等腰梯形透明薄板用透明胶带黏合，拼接为立体图形。

③手机搜索"全息投影素材视频"，全屏显示，将立体图形放置于手机屏幕中央后进行播放，图14-10所示。

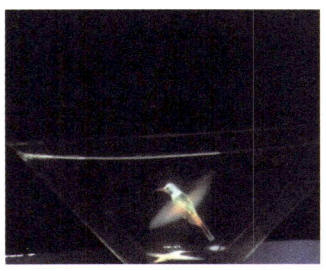

图 14-10

（3）实验结果。

利用透明薄板制作的全息投影仪，在同等光线、同等"全息投影素材"的情况下，比用塑料瓶和亚克力板制作的全息投影仪成像效果清晰。

研究结论

综上实验研究，我们发现：

（1）从手机的平行面观看塑料瓶顶部中间部位，可以看到全息影像。但是，画面却不是特别清晰。

（2）全息投影成像效果与材料的厚度有关。用0.2mm厚的亚克力板制作的实验材料，在投影时会产生重影，原因是亚克力板进行的二次反射，使它产生了重影。

（3）利用透明薄板制作的全息投影仪，在同等光线、同等"全息投影素材"的情况下，比用塑料瓶和亚克力板制作的全息投影仪成像效果清晰。

研究反思

全息投影仪的科学原理其实是一种因光的折射和全反射而形成的虚像。本实验中，以手机作为投影源，将有前、后、左、右四个角度的影像投射到透明材料制成的立体图形上，经折射后成像并汇聚到一起，形成具有立体感的影像，从而形成全息投影，如图14-11所示。

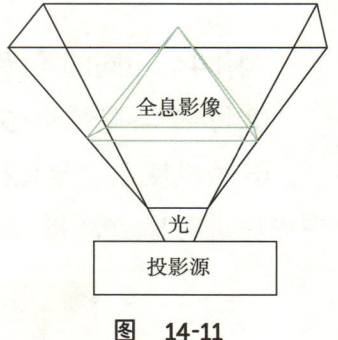

图 14-11

相对于传统的3D技术，全息投影技术完全突破了传统3D的限制，空间感和视觉感更加震撼，给人一种虚拟与现实相结合的双重感觉，且观看者不需要佩戴任何设备。目前，全息投影技术在军事、教育、医学、影视等领域有着广泛的应用。

在教育领域，如果把全息投影技术带到班级中，教室里各墙面均使用动态投影，呈现立体的场景，学生们可用接触、操纵界面，与场景互动，变成沉浸式的学习方式，这一技术能够给传统教学注入科技的力量。例如：历史课上，同学们可以亲身体会历史长河中的精彩时刻，并通过动态投影和不同时空的人、事、物进行互动。历史学习不再是死记硬背，同学们只需要眼见、耳听、身历，知识点就会牢牢印刻脑中，久久难忘。

利用全息投影技术可以让同学们通过丰富的视听体验，调动其多维感知，帮助知识点的记忆与吸收，潜移默化地让同学们体验学习的乐趣。图14-12为全息投影教室效果图。

我们可以从身边取材，来制作一个简易的全息投影仪。全息投影仪的制作并不是特别的难，科技就在我们身边。

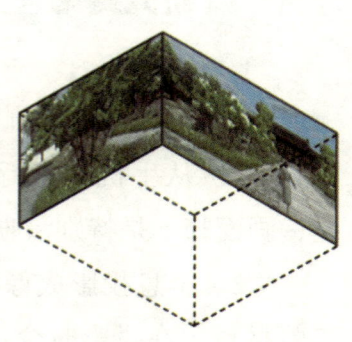

图 14-12

作为祖国的未来，我们要爱科学，学科学，用科学。多观察，多思考，多动手，激发自己科学探究的精神，争做创新时代的好少年！

教师点评

从全息投影仪的案例，我们可以看到学生经历了完整的工程实践过程。从需求出发，自主学习全息投影技术的原理；简单实践发现"清晰度"问题，分析发现材料这一影响因素；选择新材料后，以设计图、实物模型制作与测试这样的典型实践环节，再次发现更重要的"重影"问题，归因分析后进行新一轮工程设计，以便解决问题，最终得到一个较好的产品。在这个过程中，学生在提出问题、自主学习、分析综合、测试迭代等环节，体现出一定的工程设计能力。本案例中总结出透明薄板效果最好，由于透明薄板与亚克力板厚度一致，那么材质差异就值得重视，但透明薄板是何种材料，文中没有明确指出，有些遗憾。在今后的研究中一定要标明材料的成分！

成果15 天气之瓶——风暴瓶

邓祥文

研究背景

我走在大街上，偶然发现了一个广告牌，上面写着：风暴瓶！可以预测天气的美丽家用摆件！快来抢购吧！这引起了我的兴趣。我很好奇，为什么它能够预测天气呢？网上说风暴瓶中有一种混合溶液，它可以因天气、温度的变化而析出不同形态的晶体。但对于这个解释，我并不信服。

为什么几种材料混合在一起的溶液就可以出现结晶呢？它们各自都有什么作

用？风暴瓶的结晶量为什么能够变化呢？它的变化规律是什么？它随着温度变化析出的结晶到底是什么呢？

我想通过科学实验来一探究竟。

研究过程

1. 实验材料

搅拌棒1个，取药匙1个，电子秤1个，玻璃杯2个，烧杯（带刻度）1个，试管刷1个，樟脑10g，氯化铵2.5g，氯化钾2.5g，硫酸铜适量（按颜色深浅判断），蒸馏水33mL，酒精（乙醇）40mL，其中部分材料如图15-1所示（以上药品用量均为1次实验用量，且3次实验用量相同）。

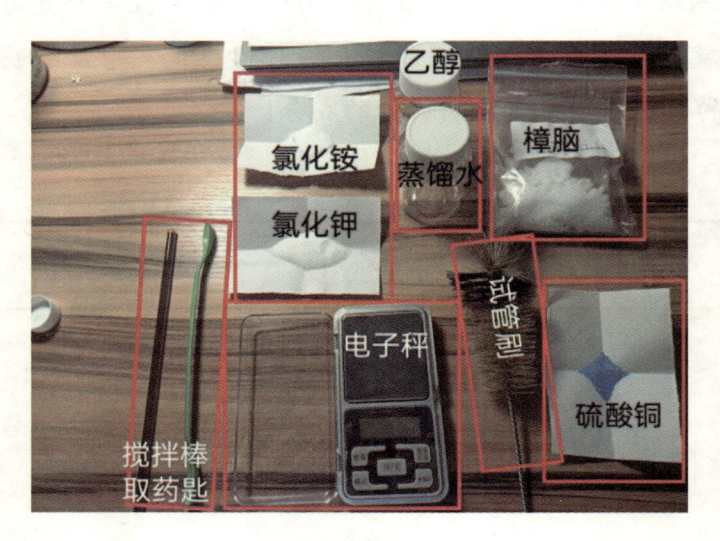

图 15-1

2. 实验过程以及对传统实验步骤的思考与改良

（1）我的第一次实验。

1）实验步骤。

①用电子秤分别称量了氯化铵2.5g、氯化钾2.5g、樟脑10g，如图15-2所示，电子秤的数值含容器重量。

| 氯化铵 | 氯化钾 |  樟脑 |

图 15-2

②把酒精40mL和蒸馏水33mL混合，接着将氯化钾和氯化铵倒入，最后倒入樟脑。瞬间，有大量絮状浑浊晶体析出，溶液呈浑浊不透明状态，如图15-3所示。放入冰箱或加热后无明显变化。

2）实验结果。

我发现这次风暴瓶制作不成功，无法正常呈现风暴瓶晶体，析出的樟脑为絮状，也无法实现风暴瓶溶液的状态变化。

图 15-3

通过查阅资料，我初步推断：氯化钾与氯化铵用于控制析出的樟脑连续成核，控制结晶形状。仔细分析实验，发现可能是水中溶解的氯化钾与氯化铵过少，造成樟脑呈絮状。

（2）我的第二次实验。

①称量药品，将氯化铵、氯化钾、樟脑分别放置于密封容器中，水浴加热至60℃。因查阅资料可知，升高温度可以增大大多数物质的溶解度。

②将氯化钾、氯化铵溶于蒸馏水中，充分搅拌，直至全部溶解至溶液透明。

③将樟脑溶于酒精中。充分搅拌，直至全部溶解至溶液透明。

④最后，把上述两种溶液混合后，再添加了硫酸铜用于将溶液调为蓝色，第二次实验制作出的风暴瓶如图15-4所示。

图 15-4

这次制作出的风暴瓶实验效果明显改善，但是仍然有两个重要的问题：一是较浑浊，有不溶杂质。所有药品混合后我已经做了充分搅拌，不过一直没有明显变化。经过检验，不溶杂质实为樟脑。我已经充分搅拌溶液，且原樟脑是全部溶解在酒精中的，为什么混合后又出现杂质？经过查阅资料可知，上述实验得到的混合溶液是一瓶过饱和溶液，部分药品无法溶解，需要进行过滤。二是硫酸铜不能完全溶解。硫酸铜并没有完全溶解，少量始终沉于玻璃杯底部。我于是又用块状硫酸铜、粉状硫酸铜分别和蒸馏水做了实验，明显发现粉状硫酸铜会更快溶解。不过快速搅拌混合后液体会使樟脑不能正常结晶，所以我又对原有的实验顺序进行了改良。

自创改良后实验顺序

再次查阅资料可知，蒸馏水与酒精的量在实验中起决定性作用，如果改变这两个变量的量，风暴瓶的总体质量和实验结果都会被影响。传统的风暴瓶用的是99.8%的酒精，而大部分人家中只有75%的医用酒精。如果按原实验配比会造成蒸馏水量过多的情况，酒精浓度下降，所以需要缩小蒸馏水的含量，增大75%的医用酒精的含量。因此在本次实验中，我把75%的医用酒精的量，从40mL增加为53mL，同时减少了蒸馏水的量，减为20mL。

我准备了一个玻璃杯，制备樟脑酒精溶液，将酒精与樟脑倒入，用搅拌棒搅拌，直至澄清后密封，避免酒精与樟脑在空气中挥发（酒精和樟脑极易挥发，挥发后，物质的浓度下降，会影响实验结果）。

再准备第二个玻璃杯，制备硫酸铜、氯化钾与氯化铵混合溶液。先将蒸馏水倒入，接着倒入粉状硫酸铜，充分搅拌，直至没有硫酸铜剩余，如果静置30s后也没有出现沉淀则倒入氯化铵与氯化钾，因为氯化钾与氯化铵在蒸馏水中可以被轻松地溶解。

上述两种溶液在60℃下都最易溶解，不过用火加热可能造成玻璃杯破裂，有安全隐患，而且不能恰好控制火焰的温度，所以我选择了水浴加热。将两个玻璃杯泡在水温60℃的热水中，充分搅拌至澄清后混合，最后再用铁架台、漏斗和滤纸进行过滤。按照上面的步骤混合后得出较好的效果。倒入瓶中，如图15-5所示。

图 15-5

（3）我的第三次实验。

我再一次称量出了需要的药品。按照创新改良后的实验顺序分别制备出樟脑酒精溶液与硫酸铜、氯化钾与氯化铵混合溶液，装入密闭容器并水浴至60℃澄清后混合并搅拌均匀。之后进行过滤，大概2h后，大部分杂质被过滤掉。结果是溶液澄清，结晶变成雪花状，如图15-6所示。

经测试，温度改变后蓝色混合溶液可正常结晶，结晶量也会出现正常变化。

我成功了！

图 15-6

研究结论

（1）影响因素及各种参与实验的材料在实验中的作用。

影响风暴瓶状态的最主要因素是温度，而不是天气。随着温度变化，樟脑在酒精中的溶解度发生改变，从而导致樟脑从酒精溶液中析出。

酒精：用于溶解樟脑，樟脑在酒精中的溶解度随着温度的改变而改变。

樟脑：风暴瓶中结晶的主要物质。

蒸馏水：溶解氯化钾和氯化铵。

氯化钾和氯化铵：使析出的樟脑连续成核，结成透明的晶体。

硫酸铜：调节溶液颜色为蓝色。

（2）变化规律。

风暴瓶在40℃、20℃、10℃时清澈，30℃左右有少许结晶，-1℃时结晶快速增多，-10℃时溶液中的晶体量最多。这就是风暴瓶能结晶且结晶可以随天气变化的秘密。

研究反思

1. 原理推测

经过实验，我推测风暴瓶的结晶原理主要是，在不同温度下，樟脑在酒精中的溶解度不同，从而造成的樟脑析出。因为随着温度的变化，樟脑在酒精中的溶解度会变化，造成一部分樟脑无法再被酒精溶解，进而析出晶体。

氯化铵和氯化钾都难溶于酒精，只溶于蒸馏水，所以无法在完全澄清的酒精溶液中接触樟脑并影响樟脑结晶。只有樟脑析出，脱离酒精后，它们才能对其进行干预，在樟脑结晶时使其连续成核，形成美丽的外观，而不会像第一次实验时形成浑浊絮状物。

此配方每种材料都有作用，环环相扣，缺一不可。

查阅资料后，我推测出风暴瓶中没有新物质产生，应该发生的是物理变化。

2. 在不同温度下的变化规律继续探究

而通过刚才的推断，我认为影响风暴瓶状态的最主要因素是温度。我想具体探究一下它在不同温度下的变化规律。

为保险起见，我准备了两个风暴瓶分别做了以下两次实验。

（1）第一次实验。

我首先将其水浴加热，温度约为40℃，静置20min后无明显变化（清澈）。

温度降到约为30℃，静置20min。溶液出现轻微浑浊，结晶悬浮。

再次降温10℃，静置20min，溶液再次变得清澈。

10℃时与20℃时一样，风暴瓶无明显变化。

放入-1℃的冰箱，静置，悬浮颗粒状结晶增多，进行不规则运动。

温度降到-10℃，静置15min，晶体快速生长，快速增多。

（我怕风暴瓶炸了，所以没有继续降温。）

（2）第二次实验。

水浴加热，温度约为40℃，静置20min后无明显变化（清澈）。

温度降到约为30℃，静置20min。溶液底部出现少许结晶。

降温至20℃，静置20min，溶液再次变得清澈。

10℃时与20℃时一样，风暴瓶无明显变化。

放入-1℃的冰箱，静置，瓶底颗粒状结晶增多。

温度降到-10℃，静置15min，晶体快速生长，快速增多。

两个风暴瓶的实验数据，如图15-7所示。

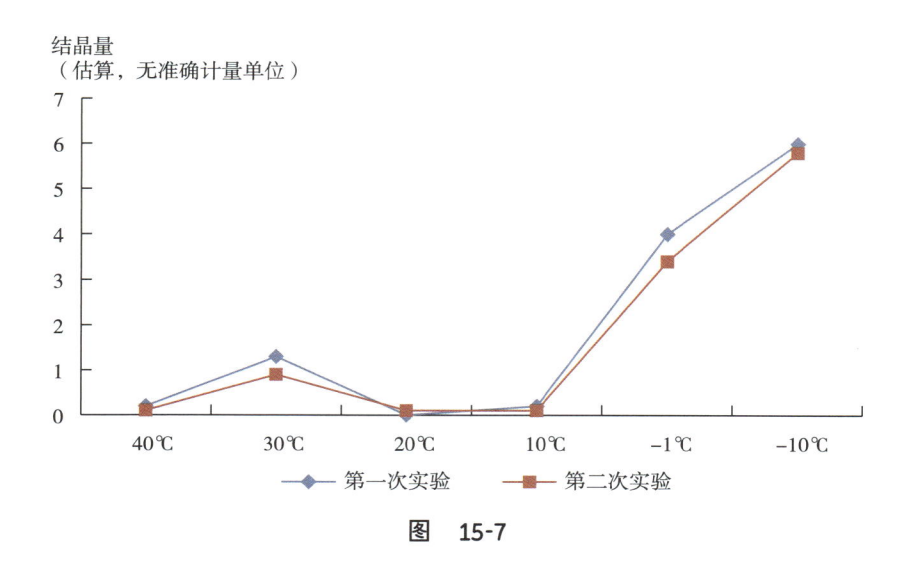

图 15-7

3. 数据分析

由图15-7可知，风暴瓶在40℃、20℃、10℃时清澈，30℃左右有少许结晶，–1℃时结晶快速增多，–10℃时溶液中的晶体量最多。

教师点评

这个案例，体现了学生乐于自主学习、勇于探究实践的科学素养。首先他对于身边现象有细致的科学观察能力，迅速明确想去探索的对象；其次，快速进入动手实践，在实践中发现问题，主动学习相关知识，体现了"做中学"的特点；再次，他不断修正自己的实验与实践，借助查阅资料，在修正中不断发现酒精和蒸馏水、樟脑和氯化铵及氯化钾各自不同的作用，还有它们之间的关系，从而认识到"溶解度"这一科学概念，这是"用中学"；这个学生还用硫酸铜进行染色，从而对风暴瓶进行了改进，体现了一些创造性，得到了不一样的产品。建议，这个风暴瓶的改进过程，是一个学习溶解度、溶解与结晶、饱和溶液的载体，如果能够有建构、修正科学概念的过程，就更能够体现探究实践促进学生科学思维发展的作用。

成果16 菌包不同开口方式对蘑菇产量影响研究报告

王嘉彤

研究背景

我们在"综合科学1 给蘑菇一个'家'"项目中学习了科学观察、工程制作，了解了蘑菇的养殖及影响因素。我对蘑菇的养殖产生了极大的好奇心。本实验旨在通过实践了解蘑菇菌包不同的开口方式对蘑菇产量的影响。

研究过程

1. 实验假设

蘑菇产量的多少与菌包开口方式有关。

2. 实验计划

（1）开3种不同方式的口，如图16-1所示，每种开口方式准备两个菌包。

第一种开口方式　　　　第二种开口方式　　　　第三种开口方式

图 16-1

（2）除了开口方式不同以外，保证每个菌包接受的光照一定、温度一定、湿度一定、摆放方式等因素均为一定（把所有菌包放在同一个卧室的同一方向，每天以同样的标准往表面喷水，都盖上湿毛巾，全部平放）。

放置地点：朝东向卧室的地面上。

护理方法：每天晚上浸湿覆盖的毛巾，并向开口处喷水。

注意事项：菌包开口处不能用毛巾覆盖。

（3）每天观察各个菌包的生长情况，制作表格并记录。

（4）在蘑菇生长周期结束后进行最后一次记录，对比不同开口方式的蘑菇产量和生长情况。观察并分析不同开口方式的蘑菇生长是否有不同，从而判断出菌包不同开口方式对蘑菇产量是否有影响。

（5）得出结论。

3. 实验过程及结果

表16-1记录了蘑菇生长的整个过程。

表 16-1

日期	菌包开口方式					
	上盖开1个口的两袋蘑菇每天生长的高度（cm）		侧面开1个口的两袋蘑菇每天生长的高度（cm）		侧面开3个口的两袋蘑菇每天生长的高度（cm）	
	1号	2号	3号	4号	5号	6号
10月15日	0	0	0	0	0	0
10月16日	6	0	0	0	0	0
10月17日	8	3	3	1	4	4
10月18日	12	4	4	5	7	8
10月19日	15（已摘）	7	7	5	6	10
10月20日	5	11	11（已摘）	6	7	12
10月21日	7	11（已摘）	4	13	9	13
10月22日	8	7	4	15（已摘）	11（已摘）	16（已摘）
10月23日	6	8	2	3	2	3
10月24日	7（已摘）	10（已摘）	3	4	5（已摘）	4（已摘）
高度之和	74	61	38	52	51	70

观察记录表格，我发现，除1号和6号菌包的蘑菇长得较快、长势较好以外，2、4、5号蘑菇都处于长势相差不多的状态。

1号菌包是第一种"上盖开1个口"的开口方式。但是这并不能代表"这种开口方式对蘑菇产量有影响，产出的蘑菇多"或者"菌包的不同开口方式对蘑菇产量有影响"。因为同样是上盖开口的开口方式，2号菌包与4、5号菌包的生长情况就相差不是很多。并且一共有6个菌包，1号和6号菌包生长较快，和其他大部分菌包的生长情况不太一样。所以说长势差不多的菌包还是占大多数的。

菌包刚开口时的样子如图16-2所示，由于操作不熟练，开口处的菌丝有损伤，对实验结果有一定影响。

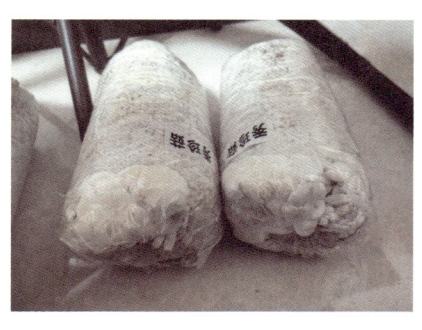

| 上盖开1个口 | 侧面开1个口 | 侧面开3个口 |

图 16-2

菌包生长过程中的样子如下，如图16-3所示，上盖开1个口和侧面开1个口的菌包生长势较好，侧面开3个口的菌包开始阶段长势稍差一些，并且出菇的位置不在开口处。

| 上盖开1个口 | 侧面开1个口 | 侧面开3个口 |

图 16-3

第一拨蘑菇收获时的样子如图16-4所示，1号和2号菌包与侧面开3个口的6号菌包蘑菇的长势差不多。

| 1号菌包蘑菇收获前 | 2号菌包蘑菇收获前 | 6号菌包蘑菇收获前 |

图 16-4

第二拨蘑菇收获时的样子如图16-5所示，没有第一拨茂盛了。

图 16-5

研究结论

从上面的实验结果可以看出：蘑菇产量的多少与菌包开口方式没有关系。

研究反思

回顾实验的全部过程，有以下几点不足：

（1）在给菌包开口时因为没有专业的工具，导致剪刀不仅剪开了菌包外皮，还伤害了白色的菌丝，降低了实验过程的严谨性。

（2）实验组数较少，开口方向的影响还没有涉及。

（3）实验记录不全面，只对高度进行了记录，没有对重量、体积进行记录，所以得出的蘑菇产量并不全面。

（4）来暖气后，每天护理菌包时毛巾有干透的情况，清洗、浸湿，再给菌包盖上，这一过程可能对蘑菇的生长有一定程度的影响。

对于上述不足，我进行了反思。下次再进行科学实验探究的时候我一定要全面考虑问题，制定更合理的实施方案，操作更细心，更加严谨！只有真正动手实验了，才会发现真相和想象的不同，生活中还有很多需要细心研究和实验的问题，我要把思考与实践结合起来，不断丰富自己的学习和生活经验！

教师点评

学生提出了菌包开口方式对出蘑菇产量可能产生影响这一假设，一定是基于之前项目学习研究中的发现，说明这个学生在之前项目学习中做了认真的观察和实践。这篇文章中，学生最后的研究反思其实比较有价值，建议按照研究反思的内容再做一遍这个实验，把想研究的问题做透彻，相信会有更有趣的发现，结论会更有说服力，科学思维也会更强大！

成果 17　不同材质的双层结构隔音效果考察

张其炜

研究背景

这几天，我家旁边的两座大厦同时在进行装修施工，大家从早到晚根本不敢开窗，即使这样，屋内还是能听到刺耳的噪声，这十分影响居民们的生活。我上网查了一下，全国"12369环保举报联网管理平台"统计数据显示，2019年涉及噪声的举报占比为38.1%，位居各污染要素的第二位，在全国噪声扰民问题举报中，施工噪声扰民问题以45.4%的比例占据首位。由此看来，防治噪声污染，减少噪声扰民是非常迫切和必要的事情。但要想创造一个安静的环境，阻隔噪声的传播显然是高效而且被广泛使用的方法。一般居民家的窗户都是双层的，通常情况下它有很好的隔音效果，可遇到又近又大的噪声源，还是无济于事，所以我想有没有效果更好且经济易操作的窗户制作方法呢？考虑到声音是物体振动引起的，同样的材质会有共振现象，现在的双层窗都是同样材质的，如果改成不同材质，会不会更利于阻断振动，从而达到更好的隔音效果呢？

为此，我开始了探究。

研究过程

1. 实验流程

准备材料→进行实验→第一组数据分析：关于材质的影响数据→第二组数据分析：关于结构的影响数据→第三组数据分析：关于共振的影响数据→得出结论。

因为我没有条件在专业实验室里进行实验，所以只能因陋就简，我选用家里能找到的一些物件来做这个实验。同时考虑到外界噪声的影响，我准备每种板材（组合）测音3次，所得噪声分贝数取最低值（因为误差为外界噪声引起的，而外界噪声不会使测量分贝数下降），来进行实验。

2. 实验材料

家里的大瓮（陶制，厚2cm以上，能很好地隔音）；手机1（作为分贝测试仪，下载一个相关APP）；手机2（作为噪声发生器，下载音乐白噪音）；玻璃2块，PVC胶片2片；一个由毛巾和茶叶罐制作的简易收音装置，部分材料如图17-1所示。

图 17-1

3. 实验过程

将手机2放在大瓮内底部，以最大音量播放音乐白噪音，然后将板材（玻璃、PVC胶片）放在大瓮口隔音，手机1放在简易收音装置内（以保证不会接收到或少接收到从瓮壁传出的声音），简易收音装置置于板材上测量噪声分贝数,并进行比较分析。

4. 实验数据

记录实验数据,见表17-1。

表 17-1

次数	无遮挡物分贝数(dB)	单层玻璃分贝数(dB)	单层PVC胶片分贝数(dB)	双层玻璃(紧贴)分贝数(dB)	双层玻璃(夹层)分贝数(dB)	双层PVC胶片(紧贴)分贝数(dB)	双层PVC胶片(夹层)分贝数(dB)	玻璃+PVC胶片(夹层)分贝数(dB)
1次	89	56	54	43	32	38	28	27
2次	91	58	54	40	31	39	29	26
3次	92	57	52	41	31	38	29	26
最低值	89	56	52	40	31	38	28	26

5. 数据分析

(1)第一组:关于材质的影响数据,见表17-2。

表 17-2

次数	无遮挡物分贝数(dB)	单层玻璃分贝数(dB)	单层PVC胶片分贝数(dB)
1次	89	56	54
2次	91	58	54
3次	92	57	52
最低值	89	56	52

从表17-2中,我们得出几点结论:

①有材质隔断的隔音效果明显好于无材质隔断的效果。

②从单层玻璃与单层PVC胶片得出的数据比较来看,不同材质对声音传播的影响不同。

③3次的误差并不大,说明实验方法对于误差把控得比较好,可以继续分析!

（2）第二组：关于结构的影响数据。

1）数据比对一：双层玻璃（紧贴）与双层玻璃（夹层），二者作为结构差异来进行对比分析，见表17-3。

表 17-3

次数	双层玻璃（紧贴）分贝数（dB）	双层玻璃（夹层）分贝数（dB）
1次	43	32
2次	40	31
3次	41	31
最低值	40	31

从表17-3中，我们得出几点结论：

①隔音材料的结构会对声音传播产生影响。

②2块板材间有夹层明显隔音效果好于2块板材紧贴，由此看来，部分窗户为夹层结构可能不仅出于保温效果的考虑，还有隔音效果的考虑。

2）数据比对二：双层PVC胶片（紧贴）与双层PVC胶片（夹层），二者作为结构差异来进行对比分析，见表17-4。

表 17-4

次数	双层PVC胶片（紧贴）分贝数（dB）	双层PVC胶片（夹层）分贝数（dB）
1次	38	28
2次	39	29
3次	38	29
最低值	38	28

表17-4与表17-3得出的结论一样，隔音材料的结构会对声音传播产生影响，2块板材间有夹层明显隔音效果好于2块板材紧贴。

3）第三组：关于共振的影响数据，见表17-5所示。

表 17-5

次数	双层玻璃（夹层）分贝数（dB）	双层PVC胶片（夹层）分贝数（dB）	玻璃+PVC胶片（夹层）分贝数（dB）
1次	32	28	27
2次	31	29	26
3次	31	29	26
最低值	31	28	26

从表17-5中，我们得出结论：玻璃与PVC胶片相异材质（夹层）的隔音效果优于双层PVC胶片（夹层），双层玻璃（夹层）是三种情况中隔音效果最差的。

研究结论

（1）不同材质的混搭会达到优于相同材质叠加的效果，十分有趣。

（2）在实验前，我就对共振方面的隔音效果进行过猜想，我认为声音既然以波的形式传播，自然会在相同的阻挡物中间产生共振，使得阻挡效果大大减弱，所以如果阻挡物不同就不会产生共振，这样阻挡能力会大大提升，所以我猜想不同的隔音材料重叠会使隔音效果大大提高。从实验结果来看，我的猜想是正确的。

（3）从上述数据比对中，我发现材质、结构与共振都会影响声音的传播。

研究反思

（1）实验条件简陋，比如手机测量的准确性，用来对比的PVC胶片与玻璃厚度有大约1mm的差距，并且实验环境等干扰因素会影响实验结果，这些都可能导致数据不够准确，尤其是双层PVC胶片（夹层）与玻璃+PVC胶片（夹层）数值只相差2，这就可能导致结论的不正确。

（2）由于缺乏声学知识，对于共振方面的猜想和推断可能不太准确，并且不能确定隔音效果是否是由阻断共振而实现的，这些还待后续继续查证。

（3）从共振的角度来看，其实后两组数据都说明的是一个问题，实验结构是否阻断或减缓了玻璃与玻璃间、PVC胶片与PVC胶片之间的共振，从而增强了隔音效果。第二组里夹层的结构相对于紧贴的结构来说，不就是在两种材质中间加了一层介质——空气吗？这就导致两层板材不能更好地共振；第三组则更进一步，玻璃+PVC胶片（夹层）结构的三层介质都不相同，这样共振就更不容易产生，那么就更会影响声音的传播，这也就解释了所得实验数据的合理性。

由此看来，要达到最好的隔音效果，是否就是找出一种结构组合方式让共振最大限度减小呢？那么双层窗户是不是可以用双层不同密度的玻璃，或者用一层玻璃和一层透明亚克力组合？这样制造厂家不用改造设备就可以生产出效果更好的隔音窗户。

当然因为条件所限，到底什么样的材料组合隔音效果会更好？这个问题我还没有做出实验结果，只知道材料与结构会影响声音的传播，我猜测应该是密度越高和越有多空隙的材料，越有效。

在这次实验探究中，我进行了较为严谨的实验，并且在遇到实验条件简陋的问题时，及时做出反应，锻炼了我解决问题的能力，而探究中结论的获得过程也锻炼了我思考和归纳问题的能力。其实我们生活中有很多有趣的问题，我们要去发现并尽力解决它，这样才能真正地了解这个问题和事物，而解决自己心头之惑的快感也是难以想象的，所以我们要努力地发现与解决问题，来探索这个未知而精彩的世界！

教师点评

实验来自于一个烦恼，一个噪声的污染引发了研究者对隔音材料的实验验证。手机下载了测分贝的软件，家里的大瓷也派上了用场，毛巾和茶叶罐制作了简易测量装置。研究者采用控制变量思想设计了多组实验，进行了细致研究，同时对各组数据进行分析，从而得出结论，经历了完整的实验过程。在实验中用简单的材料进行重组设计，也是一种创新。由此可见，没有高大上的设备，朴实无华的实验装置一样可以得到尽可能严谨的实验效果。研究是一种意识，是一种追求，是一种对自己的苛求。一旦爱上了研究，什么都不能阻挡你的研究之路！

成果 18　瓶盖桌游

范以尘　杜禹征

游戏目的

我们的项目开发思路受三个方面的启发：一是刚上小学时玩过儿童微缩版桌球，它是模拟真实桌球的打法；二是春节期间，我们观看了冬奥会冰球比赛，比赛的规则非常有趣；三是我们经常在人行道上看到丢弃的饮料瓶盖，这激发了我们对废旧物品如何再利用的思考。

我们的研究结合了微缩版桌球的比赛环境，借鉴了台球、足球、冰球的比赛规则，在安全环保的基础上，构思出一种环保、有趣、益智的小游戏。

游戏简介

游戏过程为比赛选手在桌游台面（0.25m² 左右长方形场地）上，使用笔杆，按照一定的规则，通过击主球（特定图案瓶盖），碰撞目标球（瓶盖），最终将主球击入对方球门者获胜。该游戏设计思路受台球、足球、冰球等桌面或地（冰）面比赛运动启发，只需要准备废弃的瓶盖、笔杆并搭建简易框架即可体验该游戏，如图18-1所示。

图　18-1

创新点：

（1）项目构思新颖有趣。该项目结合了微缩版桌球的比赛环境，借鉴了足球、台球、冰球的比赛规则，在考虑安全环保的基础上，形成一种集益智、环保为一体的自主文娱项目。

（2）体现物理学基本原理。参与者可以体会弹性碰撞原理、能量守恒定律，还可以体会静止和运动、运动和动力、作用力与反作用力等常见物理现象。

（3）游戏准备过程简单。只需要一块平整的约0.25m^{2}大小的长方形场地就可以开展本游戏，比赛工具成本低廉、易得，安全环保。

制作步骤

（1）准备长方形KT板（双面覆光滑薄膜的泡沫板）1块。

（2）用铅笔、直尺在KT板上设计长方形场地框架草图，场地内部尺寸设计为0.4m×0.6m，如图18-2所示。

图 18-2

（3）用美工刀裁切后沿着折叠线折出长方形场地的框架。

（4）用透明胶带粘贴固定外框架四边，如图18-3所示。

（5）设计场地图，用马克笔勾画场地，如图18-4所示。

图 18-3

图 18-4

游戏原理

（1）揭示的科学原理：弹性碰撞原理、牛顿力学原理。

当笔杆和瓶盖发生碰撞、瓶盖之间发生碰撞时，如果动能的损失很小（忽略不计），就可以将它们的碰撞看成弹性碰撞。

在这个游戏中可以观察到：当使用笔杆用力击中A瓶盖中心位置时，A瓶盖受到推力由静止状态开始直线运动，这时的运动速度为A瓶盖的初速度，当运动的A瓶盖撞击到B瓶盖后，由于力的作用，B瓶盖由静止开始运动，B瓶盖拥有了一个初速度，此时A瓶盖会以碰撞后的速度继续运动一段距离，如图18-5所示。

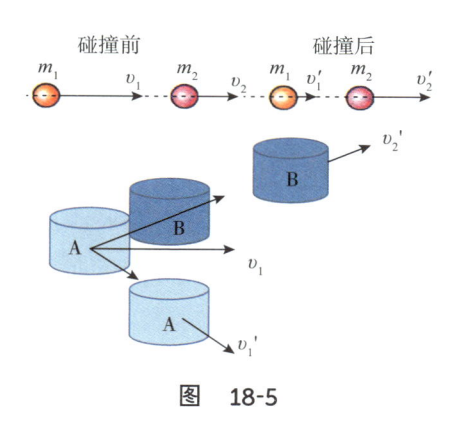

图 18-5

这个现象反映了动量守恒定律和机械能守恒定律，假设A瓶盖的质量为m_1，初速度为v_1，B瓶盖的质量为m_2，初速度为v_2，碰撞后各自的速度为v_1'和v_2'。在不考虑摩擦力造成的动能损失的情况下，A瓶盖初速度分解传递方向如图18-5所示。这一现象遵从物理学动量守恒定律$m_1v_1=m_1v_1'+m_2v_2'$，和机械能守恒定律$\frac{1}{2}m_1v_1^2=\frac{1}{2}m_1v_1'^2+\frac{1}{2}m_2v_2'^2$。

瓶盖在桌面运动时会产生滑动摩擦力，滑动摩擦力的大小与接触桌面的粗糙程度（可称摩擦系数）和瓶盖对桌面的压力大小有关。本游戏项目中瓶盖质量小，因此对桌面产生的压力比较小，另外桌面比较光滑，因此产生的滑动摩擦力就比较小。本游戏还反映了牛顿三大定律的有关特性，比赛者可以细细体会静止和运动、运动和动力、作用与反作用等物理现象。

（2）本游戏总原理是用一个笔杆（瓶盖）去撞击另一个静止的瓶盖，如果发生完全弹性碰撞，那么碰撞后它们的速度会交换，也就是撞击的笔杆（瓶盖）会静止，而被撞的瓶盖会以相同的速度向前滑动。是否能发生完全弹性碰撞与瓶盖的材质有关系。如果发力很大，那么这种碰撞可以看成是完全弹性碰撞；而如果发力不够大，那么速度交换也会产生损失，瓶盖在被碰撞后仍然会以较小速度向前运动。

游戏规则

（1）分两队进行比赛，每队9枚瓶盖（场地小可以合理减少瓶盖数量）。

（2）争夺一个主球，率先将主球击入对方球门的队为获胜方。

（3）每个球门要在小半圆里，主球进入球门的里边才算进球。

（4）守门员在准备阶段不能出小半圆；准备阶段双方球员不得过对方半场，否则犯规。

（5）守门员过半场即犯规，判罚中半场点球。

（6）打进死角（桌的四角和一些不好打的地方）用猜拳（剪刀、石头、布）决定，赢者可发球。

（7）用杆垂直向下施力敲打球的行为算犯规（判罚中半场点球)。

（8）如果瓶盖或主球落下，则在落下处附近的边线复活。随后猜拳决定哪方有先发权（守门员复活后只能待在己方球门小半圆内）。

（9）不许拿杆直接打球，只能通过横向施力击打瓶盖去撞击球（除了守门员发球：守门员可在距球5mm内触发发球机制），否则犯规判罚点球。

（10）球员不可直线堵门（但可以三角堵门）。

（11）乌龙球也算进球，犯规3次以上，犯规方自动认输。

（12）守门员发球打中对手的门不算进球。

游戏反思

（1）比赛规则合理性有待进一步完善。现有比赛规则是和同学玩耍时制定的，参考足球、台球、冰球等比赛规则，但是由于场地、比赛工具的局限性，如何保障公平公正还需要研究。

（2）弹性碰撞原理分析中，力和速度大小如何用公式来精确刻画还没掌握，台面静摩擦力没有考虑。

教师点评

这是一个有创意的、因地制宜的课间游戏设计，运用了类比台球等球类运动的方法进行创造性设计，并运用物理学原理进行了解释说明。这样的游戏设计，有几个要素可能还需要加以阐述：

（1）台球是球体，改成瓶盖这样的一个物体，在实际操作中的发力方向、力的大小、瓶盖走位、行进路线等，是否有影响？

（2）需要进行限制条件的分析与说明。例如，场地大小是如何限制这个游戏的，从限制条件出发，展开说明，可以形成一个游戏说明书。

（3）游戏规则是如何设计出来的？对于创新类游戏设计，规则设计需要运用逻辑思维和心理学原理。对于初步设计的计分规则，可以在试玩中发现问题并进行改进，可以从中体验工程思维在规则制定中的作用。

成果19　多功能电动清洁刷的设计与制作

李天宸

研究背景

暑假，妈妈把家里日常的清洁工作交给了我，擦玻璃、刷地板、擦浴室玻璃门。于是玻璃刷、地板刷、清洁液、橡胶刮板轮番在我手上挥舞，腰酸背痛、手不够用不说，每天还要消耗两三个小时，这家务活真的让我很苦恼。我想怎么既能节省体力又能高效地做家务呢？为此，我设计的工具首先需要"合多为一"，其次需要具备电动喷水（清洁剂）功能，这样就能大大地节省做家务的时间。

刮地和擦地工具不统一 　　边喷边擦无法解放双手

图 19-1

研究过程

1. 基础数据

由于我设计的产品需要兼顾擦玻璃和擦地双重功能，因此我选择对杆长度有更高要求的擦玻璃杆来计算我需要的杆长。

常规家庭房屋的挑高高度（玻璃的最高高度）：2.2～2.5m。

人平均身高＋单臂臂展：1.8～2m。

所以我的擦玻璃杆长度为60～80cm。

2. 查询相关专利

我通过专利网查询近3年来的多功能清洁刷相关专利，检索"多功能清洁刷""电动清洁刷"等关键词，得到适用于家庭清洁的相关专利21个，主要分类如下：电动多功能清洁刷（适用于厨房）1个，磁吸擦玻璃器5个，带驱动擦地器7个，喷水式清洁刷5个，可伸缩、可调角度清洁刷3个。如图19-2所示。

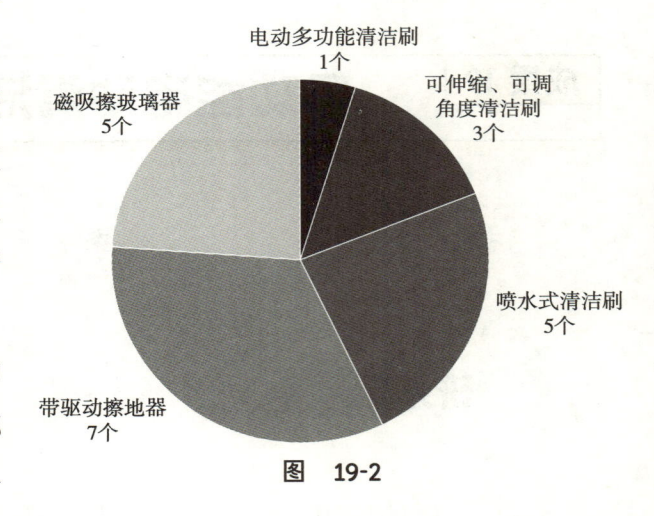

电动多功能清洁刷 1个
可伸缩、可调角度清洁刷 3个
喷水式清洁刷 5个
带驱动擦地器 7个
磁吸擦玻璃器 5个

图 19-2

从上图中能看出可喷水、可伸缩和调节角度、可电动的清洁刷都有专利，但同时几种功能合而为一的专利还没有；磁吸式擦玻璃器和带驱动擦地器是近期的技术创新，具有省时省力的优点，但在实际的应用市场上是否有更多的市场占有率呢？

3. 相关产品市场调研

我将市场上较为流行的3类擦玻璃器和擦地产品进行了比较，包括优缺点（根据用户评价）、零售价格区间、产品外形几个方面。见表19-1。

表 19-1

序号	产品名称	优点	缺点	零售价格区间（元）	产品外形
1	可喷水擦玻璃器	可喷水（清洁剂）	喷水装置在头部，装水后很重	60～150	
2	自动擦地机	节省人力、时间，可以擦尘、刮污	价格昂贵	1500～2500	
3	磁性擦玻璃器	擦杆可伸缩，可擦室外	磁力不足的容易掉落，有一定的危险性；磁力大的需要推拉力很大，费力；海绵需要经常取下来添加清洁剂；价格较贵	80～250	

从调研中可以看出，选购多功能清洁刷时需要考虑的几个重点问题：①伸缩杆能解决高处、远处的清洁问题；②需要具备既能擦又能刮的功能；③擦玻璃、擦地的同时能喷清洁剂，且操作方便，实现自动化；④省时省力；⑤擦玻璃擦地两用；⑥价格适中，普通工薪阶层能接受。

4. 调查问卷调研

为了更真实地了解大家做家务活（尤其是擦玻璃和擦地）的需求，我根据上面几个重点问题，结合生活实际编写了调查问卷，对我的同学、老师及父母的朋友们进行调研，每份问卷5题，如图19-3所示。收到有效问卷56份。

从上面的统计我们可以得到如下结论：

（1）完成问卷的同学都参加过擦玻璃或擦地的劳动，可喜可贺。

（2）98.21%的人擦玻璃和擦地需要使用清洁剂，结合第3和第5题，发现大部分人认为喷清洁剂十分麻烦。

（3）83.93%的人擦玻璃和擦地不是同一个工具，为了节约储存工具的空间，我想设计一款擦地和擦玻璃一体的工具。

第1题：您是否参加过擦玻璃或擦地的劳动 [单选题]

选项	小计	比例
参加过	56	100%
没参加过	0	0%
本题有效填写人次	56	

第2题：您擦玻璃和擦地是否需要清洁剂 [单选题]

选项	小计	比例
是	55	98.21%
否	1	1.79%
本题有效填写人次	56	

第3题：您擦玻璃时遇到过什么问题 [多选题]

选项	小计	比例
水往下流，造成二次污染	35	62.50%
水未干透，留下水印	38	67.86%
玻璃太高，够不着	39	69.64%
需要的工具繁多，麻烦	50	89.29%
喷玻璃液十分麻烦	43	76.79%
更多 [详细]	0	0%
顽固性污渍擦不干净	10	17.86%
本题有效填写人次	56	

第4题：您擦玻璃和擦地是同一个工具吗 [单选题]

选项	小计	比例
是	9	16.07%
不是	47	83.93%
本题有效填写人次	56	

第5题：您擦地时遇到过什么问题 [多选题]

选项	小计	比例
积水过多	31	55.36%
工具繁多	45	80.36%
喷洗涤剂十分麻烦	43	76.79%
长时间弯腰较累	51	91.07%
更多 [详细]	0	0%
想彻底解放双手	9	16.07%
本题有效填写人次	56	

图 19-3

（4）对于擦玻璃和擦地中的问题，除二者最后一个选项占比都过低以外，剩下的选项均过半数，需要着重解决。我发现擦玻璃和擦地时所面临的困境大致相同：杆的长度不易变化、喷清洁剂麻烦……这更坚定了我要将清洁刷设计成擦玻璃和擦地一体的想法。

调查结果分析：多功能一体化新产品要做到集刮、擦、喷清洁剂、吸污水等功能于一体，要做到喷清洁剂时能自动喷（如使用电泵），同时要做到擦玻璃器和擦地装置的转换自如。

5. 访谈调研

我考虑到调查问卷的局限性，于是又选取了有代表性的用户作为访谈对象——我的妈妈、邻居奶奶、学校的保洁阿姨，从而深入了解做家务背后的故事，完善需求。妈妈给我讲了她争分夺秒做家务的紧迫感，老奶奶讲了有时候无能为力的感受，这些都让我很想竭尽所能解决这些问题，访谈详细情况见表19-2。

表 19-2

序号	访谈内容	妈妈	邻居奶奶	保洁阿姨
1	年龄	42岁	67岁	50岁
2	是否经常做家务	是	是	是
3	擦玻璃的频率	1个月1次	5个月1次	每天1次
4	擦玻璃工具	抹布	抹布	抹布+伸缩杆刮板
5	擦地工具	网红地板刮和1个抹布、1个喷壶（装有清洁剂）	海绵头地板擦	拖布（3个）
6	是否苦恼	是	是	否
7	主要问题	工具不适用，擦不干净，费时费力	工具不好用，擦玻璃很累；擦地还好	工作任务，已熟能生巧
8	希望擦玻璃工具如何改进	希望能方便地喷一些清洁剂，污水不要二次污染	希望工具可以擦高处的玻璃	希望能有一体化擦玻璃器
9	希望擦地工具如何改进	希望我使用的3个工具能有合体	海绵储水时容易被挤压溢出大量的水，希望改进	无
10	是否希望擦玻璃工具和擦地工具合体	希望	希望，能节省储存空间	不希望，认为擦地过于脏，不希望和擦玻璃混用

针对以上调研结果，我想制作一个全自动的清洁刷，让它像我们灵活的双手一样，对于擦玻璃而言，能够兼顾玻璃高度，集喷、擦、刮、转、收功能于一体。它还拥有电泵，让喷玻璃液更加便捷，并且做到抹布的方便拆卸和改装，在短时间内能变身为擦地神器，让擦地和擦玻璃工具二合一。这样就能让上班族和学生族都可以参与到这项家务劳动中，若价格亲民，也能被大多数工薪家庭所接受。

6. 电动清洁刷的设计与制作

（1）设计制作方案。

第一步：解决高处、远处清洁的问题。

首先，增加一个可以伸缩的手柄，根据前期调研数据，我设计杆长60～80cm，为了方便制作，我计划直接购买一个符合条件的长柄擦玻璃刷。直杆能够伸缩以适合不同身高人群使用。

第二步：擦玻璃实现多功能一体的问题。

如果想使清洁刷集多种功能于一身，就需要将抹布、刮条、喷壶等集成，我考虑在伸缩杆下部固定喷壶，用一根塑胶管将喷壶和刮板连接，这样清洁剂可以直接喷到抹布或者玻璃上，擦除污垢后，喷壶里换上清水，可以对玻璃再次清洁，同时在抹布上方组装刮条，这样能实现同时喷、擦、刮的目的了。

第三步：解决污水收集的问题。

参考扫地机器人的设计思路，我想在刮板下方固定一块棉质抹布或高密度吸水海绵，以达到吸水的目的。这个思路同时可以解决擦地时地板上积水多的问题。

第四步：解决自动上水的问题。

由于清洁刷是竖直使用的，喷壶里的清洁剂和清水都不能通过自流到达喷头，所以我考虑加一个电泵，将喷壶里的液体直接打到喷头，省去先手动喷清洁剂，再去擦玻璃的烦琐步骤。

第五步：改装成擦地神器。

在固定棉质抹布的位置旁增加一个旋钮，可以适当伸长或者扭转抹布的角度，使棉质抹布和刮板的高度保持一致，让其在擦地的同时吸收多余的水分。

至此，电动清洁刷的设计基本完成。

我所构思的电动清洁刷主要由三部分组成：第一部分（头部）是由橡胶刮板和抹布（或海绵）构成，主要功能是将玻璃上的污物用刮板刮掉以及用抹布吸收玻璃上多余的水分；第二部分（中部）为可伸缩杆，主要功能是控制擦玻璃的方向和延长能够到的高度；第三部分（尾部）为喷壶、塑胶管和电泵，塑胶管主要功能是将喷壶中的清洗剂通过塑胶管喷到玻璃上。三部分相结合，共同实现擦玻璃的时候喷、刮、擦、转、收的功能以及电动的功能。

根据我的想法，形成设计方案如图19-4所示：

（2）制作电动清洁刷。

制作工具和材料：剪刀，钳子，502胶水，透明胶带，镊子，电烙铁，胶枪，吸管，2m长的PVC塑胶管（不同规格），伸缩杆，抹布，万向轴刮板，棉花，电泵，电池盒，喷壶。部分工具如图19-5所示。

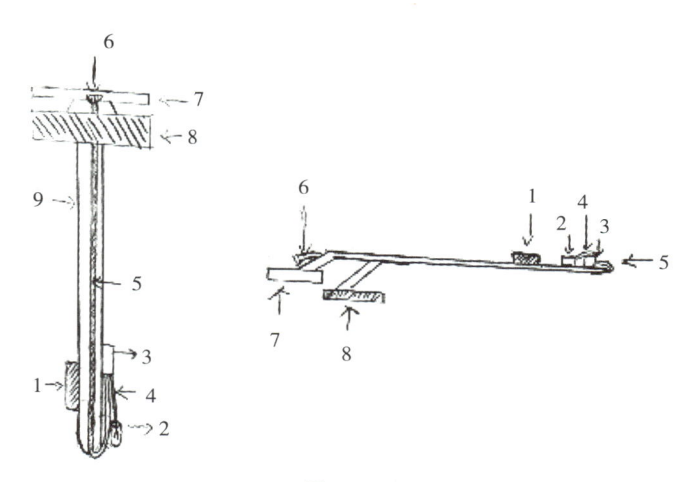

图 19-4

（1—电池盒 2—喷壶 3—电泵 4—进水管道
5—出水管道 6—喷口 7—刮板 8—抹布板 9—中空杆子）

图 19-5

制作开始了，步骤如下：

①我将刮板和抹布合二为一，做出了一个双层的清洁刷，我在购买时就考虑到了它们的匹配尺寸，虽然尺寸大致相同，但是还是会有一些缝隙需要我拿棉花填充。

②根据测量伸缩杆的长度，剪下多出5cm的塑胶管。

③将伸缩杆拆解成两个部分，在第一个部分的开口处用电烙铁烫出一个大小合适的圆孔，可以让塑胶管穿过。在刮杆旁边也烫出一个圆孔。在伸缩杆第二个部分的尾端也烫出一个圆孔，如图19-6所示。

图 19-6

④将电泵和电池盒连接（安装时注意正负极），用透明胶带将线连接好，粘牢，保证不脱落，用胶带和502胶水将其固定在擦玻璃杆下方的侧面，如图19-7所示。

⑤在连接伸缩杆内的细管和电泵出水口的时候，为了减少做功，我选用了口径较小的塑胶管。先将喷壶口卸掉，但是管子太细插不进去，我打算用由粗到细的一组管子阶梯缩小插进去，但发现管子衔接处非常不牢固，容易漏水，如果拿502胶水黏合则容易堵死通道，于是我截下了一段饮料吸管当作过渡段，先将吸管插入了喷壶口，但是它与管子的粗细几乎一致，导致根本插不进去。这时我想到用热胀冷缩法，我将管子插入一杯100℃的热水中，几秒钟后拔出，可以明显地观察到管子口径变大了，然后迅速将吸管插了进去，冷却后，吸管和塑胶管就牢固地套在一起了。这样细管和电泵的出水口便完美地连接在了一起，如图19-8。

图 19-7

图 19-8

⑥拆解喷壶。将喷壶口拆解成一个盖子和一个喷口，喷口留着备用，盖子固定在喷壶口，当中穿过一个较粗的塑胶管，用胶枪处理防止漏水，并且防止管

子随便移动，将管子利用热胀冷缩的方法固定到电泵的入水口。如图19-9所示。

⑦将喷壶固定到杆的侧面。

⑧将连接电泵的出水口的细管从伸缩杆中穿过，在刮板上方露出，装上喷口，试验是否有效，进行适当调整，如图19-10所示。

图 19-9

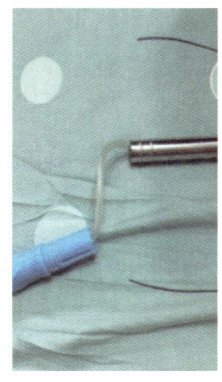

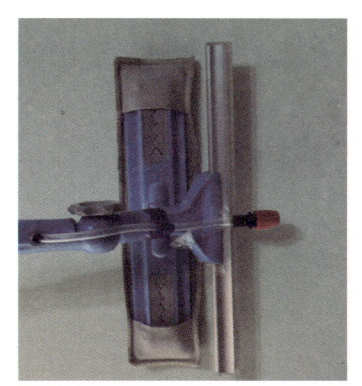

图 19-10

⑨成品展示。

由于将管子有效隐藏在中空伸缩杆中，清洁刷整体非常简洁利落，塑胶管可以跟随伸缩杆拉伸，没有发生伸缩过程中管子脱落的现象。

电泵和喷壶集成在手柄处，对于整个清洁刷来说人们做功时没有额外力矩产生，使清洁过程省力，做功少。

喷头采用雾化喷嘴，使得液体能均匀地喷洒在玻璃窗或地板上，清洁效果更佳。成品展示如图19-11所示。

（3）试用过程。

制作完成后，我先让妈妈试用，喷、擦、刮一体的功能，再加上电泵的使用，让妈妈更省力。妈妈不一会儿就把家里的落地窗和浴室玻璃门擦干净了。换了一块抹布后，变换为拖地模式，可以边喷清洁

图 19-11

剂边擦地，后面的棉布还可以吸掉多余的水分，比以前节约了一半的时间，体验效果良好。

研究结论

制作完多功能电动清洁刷并试用后，我发现了几个问题：

问题1：电泵泵水时速度较慢，瓶子中水已经被抽完但水还没出来，容易一下子喷多。

解决思路：购买更换口径更细的上水管。

问题2：喷水量不好控制。

解决思路：让泵的开关更加便于控制，从原来的一个开关按钮变为可调挡位式或无级变速式旋钮。

问题3：不能在喷清洁剂和喷清水之间自由地切换，现在需要更换喷壶中的液体来实现。

解决思路：考虑双通道输送方式，需要在喷壶中增加隔板，切换按钮，做到两种溶液切换使用。

我根据成品结构和购买的用品，粗算成本为：

主体伸缩杆10元+万向轴刮板（含抹布）8元+喷壶2元+电泵（含电池盒）10元+PVC塑胶管1元=31元。（其他成本忽略不计）

研究反思

我目前设计的电动清洁刷仍有些不足：以后可以做双通道输送装置，减少手动切换工作量。

在制作电动清洁刷的过程中，我也收获了很多：①通过查阅论文、专利，了解了相关领域的现状和前沿科技；②掌握了几种探究方法，利用检索法、统计法、问卷调查法、访谈调研法等获取了关于多功能电动清洁刷的现状和存在的问题；③提高了我的动手能力，让我对自己充满了信心；④提高了我的规划能力，先设计好整体方案，一步一步都要考虑周全，否则就会推倒重来；⑤遇到困难，能够使用学过的物理和化学知识去解决问题；⑥做生活的有心人，就能发现问题、解决问题。

教师点评

该学生对于多功能电动清洁刷的设计和制作是一个相当综合的实践过程，该过程不仅包含了发明创造，在了解背景知识和实际需求的时候，该学生还辅助应用了很多社会调查的方法，如问卷调查法、访谈调研法等，体现出该学生出众的综合素质。从最开始萌生出想要通过改造和制作的方式来解决眼前的家务难题，到后来根据需要增加各种功能，他不断地对自己的作品进行改进，对内容不停地进行修改、完善，增加关于专利、关于需求的调研，增加成本的核算和试用感受等，截至提交文章的前一天，他仍在进行探索，努力将一切做到最好。功夫不负有心人，在他的智慧与勤奋努力下，他收获颇丰。相信他会在科学探究之路上一直走下去。

成果 20　制作 Wi-Fi 天气时钟

史鸣谦

研究背景

我在开始这个项目之前制作过许多时钟，而所有的时钟只能显示时间和日期，且全部使用LCD或点阵。网上的许多天气时钟项目给了我灵感，而且焊接的原型电路板也突破了LCD12864显示不稳定的瓶颈。一切准备完毕，我准备开发这个项目。我会利用ESP8266的Wi-Fi功能，制作出可以通过Wi-Fi获取天气和时间，并把它们显示在LCD屏幕上的程序。这个项目可以拓宽我的代码涉及领域，练习U8g2库文件的使用。

研究过程

1. 研究方法

（1）实验法：在ArduinoIDE平台上编写代码，并将程序上传到控制器，观察显示结果。

（2）文献研究法：查阅关于API和LCD显示的程序。

2. 准备材料

ESP8266控制器，LCD12864（ST7920），LCD原型电路板（自己焊接），跳线6根，面包板1块。

（1）ESP8266-WEMOS D1 mini：全称是WeMos D1 Wi-Fi开发板，如图20-1所示，基于ESP8266，兼容Arduino。有了这款物联网开发板，我们就可以愉快地使用Arduino方式开发ESP8266，玩转物联网项目。WeMos D1包含：数字IO引脚11个。除了D0引脚外，其余引脚均支持PWM、I2C、中断、单总线。模拟输入引脚1个（最大支持3.3V输入）。模拟引脚仅有1个。数字引脚（包括RX、TX）共有11个。需要注意的一点是：WeMos D1上数字引脚的一侧引脚数量远大于11个，这是因为该板上D3与D15、D4与D14、D5与D13、D6与D12、D7与D11、D9与板载LED，它们两两之间是互通的。

图 20-1

（2）LCD12864：LCD12864液晶显示模块是一款4位/8位并行、2线或3线接口方式，内部含有国际一级、二级简体中文字库的图形点阵液晶模块，如图20-2所示。其显示分辨率为128×64，内置8198个16×16点汉字，和128个16×8点ASCII字符集。该型号液晶模块具有接口方式简单、指令操作便捷的特点，可构成全中文人机交互图形界面，可显示8×4行16×16点阵的行字，也可完成图形显示。

图 20-2

（3）LCD驱动原型电路板：如图20-3所示。通过SPI接口，将LCD各引脚连接，只保留4个输入接口。原型电路板连接ArduinoUNO，在此探究中插在面包板上。

（4）库文件。

①U8g2是嵌入式设备的单色图形库，主要应用于嵌入式设备，包括我们常见的单片机。本项目中使用ST7920的驱动库。

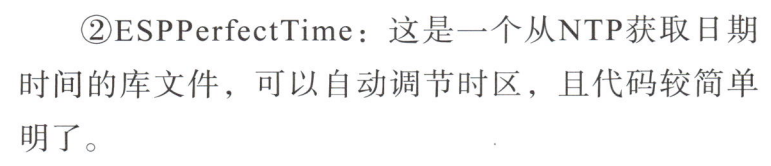

②ESPPerfectTime：这是一个从NTP获取日期时间的库文件，可以自动调节时区，且代码较简单明了。

③ArduinoJson：本文中使用ArduinoJson获取未知天气API。

图 20-3

3. 测试

（1）使用Blink程序进行测试，如图20-4所示。

（2）LCD12864显示"Hello World"，如图20-5所示。

图 20-4

图 20-5

（3）获取天气信息并显示在LCD上，如图20-6所示。

（4）获取时间信息显示在串口，如图20-7所示。

图 20-6

图 20-7

4. 项目组装和线路图

线路图如图20-8所示。

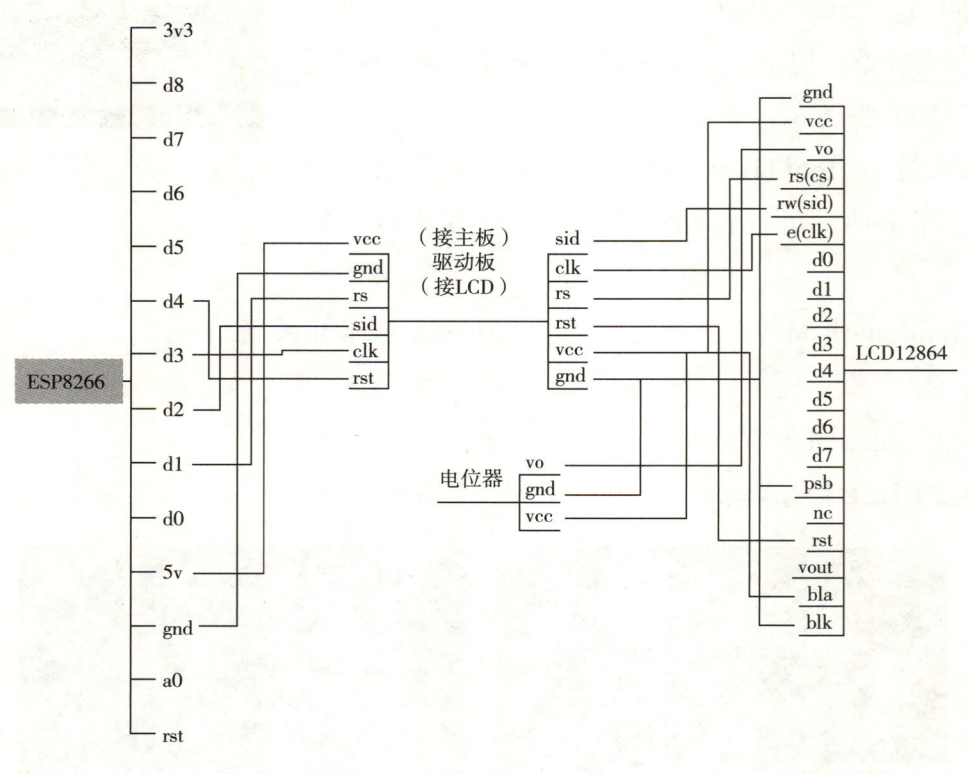

图 20-8

5. 研究成果

在连接电源后，显示屏显示"连接中"，当连接成功后显示"成功"，随后进入时间日期显示界面。屏幕第一行显示实时天气文字、温度和天气图标，第二行显示当天实时时间和星期，时间采用12小时制，星期采用数字显示。屏幕左下角显示年月日，右侧显示明天和后天的昼夜天气和最高、最低气温。所有数据随实时数据变化。

研究结论

通过制作Wi-Fi天气时钟，我体会到：只要我们敢想，通过查阅文献，以及自己的努力就可以实现我们想要的功能。

研究反思

这是我第一次使用图形LCD和Wi-Fi制作项目，遇到了串口报错和显示信号不稳定的问题。此项目研究比以前所做的都要困难，且代码量也是最长的。这使我更明白了探究的意义，即加强了我编写代码的熟练度，使我认识并掌握了更多模块，并探寻了以前从未涉足的领域。

未来我还有想要继续研究的问题：

（1）增加DS3231模块，在没有Wi-Fi的情况下存储时间。
（2）使用TFT彩屏，增强显示效果和显示空间。
（3）增加显示动画功能。

教师点评

该同学已经坚持连续3年进行电子时钟的研究了。2022年，他运用编程技术和硬件设备，第一次实现了时钟功能。2023年，他对时钟继续完善和改进，实现了Wi-Fi自动对时电子钟。2024年，他用更短的时间，实现了Wi-Fi天气时钟。一次次探索中，他实操越来越熟练、原理理解越来越透彻、蓝图越来越清晰。该同学在反思中提到这次探究并不是一帆风顺的，是经过不断探索才成功的，同时他提出了未来将继续探究的问题，是一位难得的具有探索性和创新性的小科学家。

成果 21　虫虫进化论——虫虫进化桌游

马诺依

游戏目的

本游戏的目的是让同学们了解昆虫的口器和足对应的作用和功能,通过在游戏中增加知识性和趣味性,不仅让同学们对昆虫的相关知识有更多的了解,而且帮助害怕昆虫的同学了解昆虫。

游戏目的如图21-1所示。

图 21-1

游戏简介

本游戏采用扑克牌的形式,制作成口器、足、翅膀和食物等卡牌。玩家人数为3人及以上,有1名裁判。在相应的事件中,虫虫想方设法完成进化与逃离,进而由裁判判定胜负。

游戏用品

游戏用品如图21-2所示。

图 21-2

制作步骤

制作卡牌：

（1）用大小相同的空白长方形纸牌，分别画上5种口器、8种足、7种食物和1对翅膀。

（2）复印上述卡牌，口器牌4份，足牌4份，食物牌4份，翅膀牌4份。

（3）制作事件牌，如火山爆发、洪水蔓延、陨石撞击、火灾爆发，4张，复印4份，共16张（玩家较多时可根据需要再复印多份）。

游戏规则

桌游玩法和规则如下：

（1）游戏玩家人数须在3人以上，需要有1名裁判。

（2）裁判洗牌后轮流发牌（注意每个人的牌数在4张以上）。

（3）保证每人至少要拿到虫虫身体部件卡6张、食物卡2张、事件卡4张，多则不限，但每人的卡牌数要同样多。

（4）每人轮流出牌，只能出事件牌或选择不出牌。

（5）当事件牌发出后有1min的准备时间，1min后淘汰未能生存下去的虫虫（由裁判决定）。

（6）在1min准备时间内玩家可以任意用自己手中的牌组装自己的虫虫并使用食物牌，从而获得相应的技能加分，具体内容见牌上说明（虫虫的足在虫虫身体部件卡不足时自动默认为步行足）。

（7）血量小于等于0时玩家被淘汰，连续2次事件饥饿值大于等于0时玩家被淘汰，防御力可抵挡1次相应数量的攻击。

（8）除虫虫身体部件卡外，其他牌使用后需放回牌堆中。

（9）裁判负责监督游戏的公平性，包括谁被淘汰、牌用过后须放回牌堆等。

游戏反思

在游戏过程中，玩家对昆虫知识了解多少决定了游戏的趣味性和成功的可能性，还有裁判也很重要，因此如何让玩游戏的同学对昆虫的生存和进化知识有更多、更深入的了解，是在以后游戏设计中需要完善的内容之一。

教师点评

很好的桌游主题！

如果纯粹是游戏，则需要从规则入手，进行充分说明。规则中关于血量、饥饿值、防御力均未做说明。

如果是游戏化学习项目，则建议将概念建构与游戏设计、游戏玩耍过程相结合，体现认知发展。

如果是游戏化学习项目，这个游戏角色的设计，跟进化论中的角色及变化、环境要素及影响机制等息息相关，游戏规则应该体现出角色（构成要素）之间的关系（生物学关系）、角色与环境条件的关系、角色随着环境变化而发生变化的规律等，这样就能够体现出桌游这种游戏化学习的特点了。

成果22 当"老古董"遭遇了"小拆客"

翟柳源

研究背景

生活中处处有科学。我在家专门拆装研究了一个"老古董"，从中学到了很多新知识，了解了不少有趣的故事。现在就把我拆装研究这个"老古董"的思考体会，跟大家一起分享吧！

这个"老古董"是什么呢？大家可以猜一猜，如图22-1所示。我们的爸爸、妈妈、爷爷、奶奶肯定知道它。爸爸和妈妈的青春年代就是在它的陪伴下度过的，它给那个时候的人们带来了全新的"流行音乐"。

图 22-1

我还要告诉大家一个最为令人激动万分的故事。我国第一颗人造卫星"东方红一号"，从太空发回的《东方红》乐曲，就是用"它"——磁带录音机（也叫盒式录音机)——录下来，并通过电台让全国人民听到的。

研究过程

1. 磁带录音机拆解过程

（1）拆解步骤，如图22-2所示。

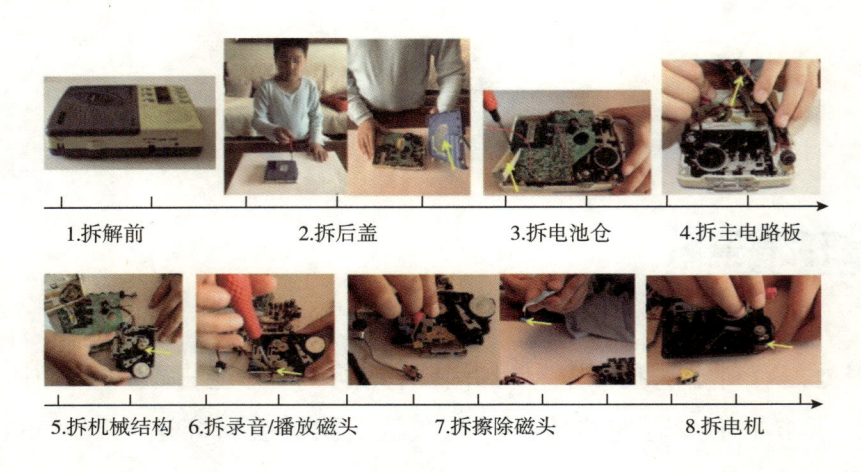

1.拆解前　　2.拆后盖　　3.拆电池仓　　4.拆主电路板

5.拆机械结构　6.拆录音/播放磁头　7.拆擦除磁头　8.拆电机

图 22-2

（2）拆解结果，如图22-3所示。

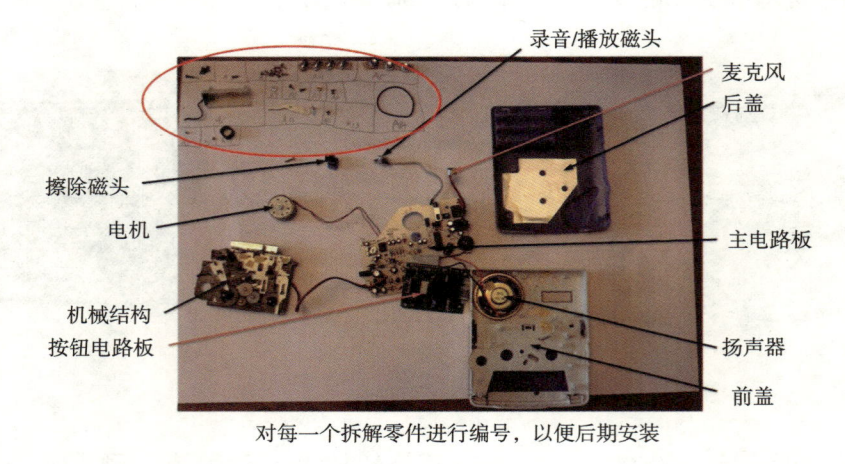

录音/播放磁头
麦克风
后盖
擦除磁头
电机
主电路板
机械结构
按钮电路板
扬声器
前盖

对每一个拆解零件进行编号，以便后期安装

图 22-3

2. 关键部件分析

（1）关键部件分析1——按钮与磁头的关系。

①按钮都未按下时，录音/播放磁头和擦除磁头都未落下，如图22-4所示。

图 22-4

②播放按钮按下时，录音/播放磁头落下，擦除磁头未落下，如图22-5所示。

图 22-5

③录音按钮按下时，录音/播放磁头和擦除磁头都落下，如图22-6所示。

图 22-6

（2）关键部件分析2——防误擦除结构。

当录音按钮直接按不下去时，我发现必须像图22-7a中一样按着磁带仓右下角的凸起才可以按下录音键。我同时发现图22-7b中磁带上对应磁带仓里凸起的位置有一个坑，坑里的塑料片刚好顶到磁带仓控制录音键的凸起上。用尖头的物体顶折塑料片，录音键就无法按下了，这样就可以保护磁带不被录音。如果再用胶带粘上这个坑，录音键就又可以按了。

通过拆卸，我发现了图22-7c中磁带仓里的凸起1连接到图22-7d中磁带仓背面的活动凸起2，凸起1往下按，凸起2就往左偏。当图22-7d中的凸起不动时，图22-7e中和录音按键相连的金属片的末端正好卡到图22-7d的凸起上，当凸起往左偏时，图22-7e中的凸起3就不会卡到图22-7d的凸起2上，这样录音键就可以按下，就可以对磁带进行录音了。

（3）关键部件分析3——磁头原理。

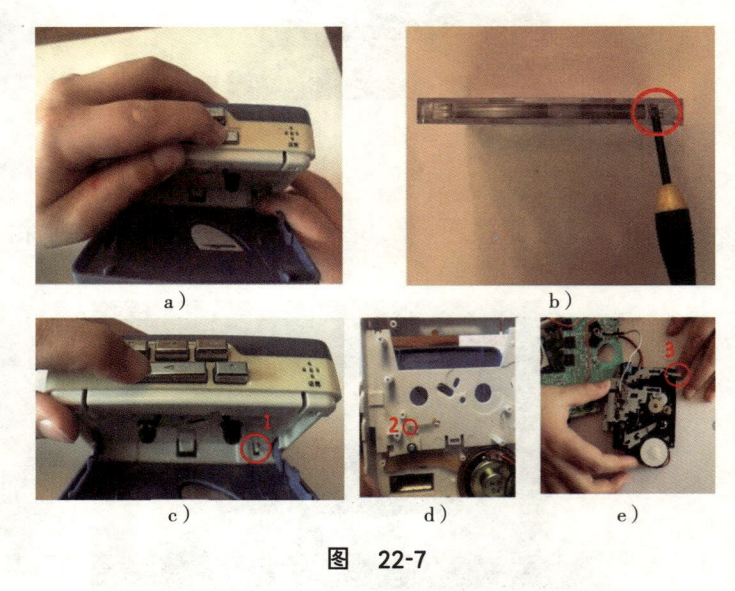

图　22-7

图22-8中的录音/播放磁头有左右声道，可以录制和播放立体声，这样的声音效果更真实。磁带一共有四条蓝色的磁条，上面两个磁条可以录播磁带A面的立体声，磁带翻面后就可以用下面两个磁条录播磁带B面立体声。

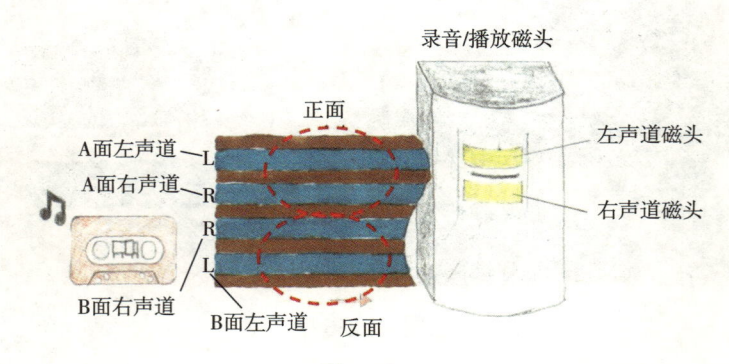

图　22-8

如图22-9所示，虚线框中有两个磁头，左边的是高档立体声录音机的磁头，右边是我们拆解的普通复读机的磁头，很明显立体声录音机的磁头磁道轨迹更宽，磁头体积更大。

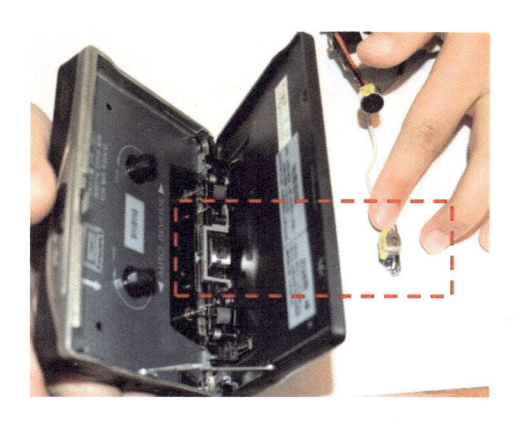

图 22-9

研究结论

通过拆解，我发现磁头可以说是整个录音机最核心的部件，磁头是录音机里技术含量最高的零件，我们可以根据磁头的品质判断录音机的品质。

研究反思

通过拆装老式磁带录音机，我锻炼了动手能力，深入学习了录音机的机械原理和磁头原理。

我很惊讶，虽然磁带录音机现在已经不流行了，它们不像手机、MP3里只有抽象的集成电路，它们的机械设计、电子设计非常精巧，我通过这次拆装学到很多机械和电子知识，极大地激发了我探索科学的兴趣。原来科学就在我身边，我要举一反三，接下来研究更先进的数据存储设备，了解机器人的相关机械、电子知识。

教师点评

小拆客翟柳源同学不仅仅完成了磁带录音机的拆解工作,他还对录音机进行了深度的研究。他向我们做了拆解过程介绍,并把关键部件的作用呈现给我们,让我们也知道了关于录音机的一些知识。他自己还设计、绘制出了示意图,将一些名称用更加清楚明了的方式标注在图上。这是一份很棒的拆解报告,可以供其他同学在以后的拆解中借鉴。

成果23 电饭锅拆解探秘

刘子墨

研究背景

每个家庭都会使用到一种家用电器,那就是电饭锅。我家里有一个用旧了的电饭锅,如图23-1所示。这款电饭锅是圆形的,有盖子,还有手端柄,它的"肚子"可大了,能煮一家6口人的饭,可以制作多种美食,包括蛋羹、蔬菜、海鲜、肉类、蒸饭、杂粮、面点等。电饭锅盖子下面有一个椭圆形操作面板,中间凸出的旋钮是主要控制键,使用的时候你只要轻轻旋转它,根据你想制作的食物来选定时间,将旋钮转到对应的位置,另外它还有做火锅的功能,见图23-1中橘色的标志。

这个电饭锅使用很简单、很方便。平常蒸饭你只要把适量的米、水

图 23-1

倒入电饭锅中,把盖子盖上,通上电,再在操作面板上按"蒸饭"这个键就可以了。

那与我们生活息息相关的电饭锅内部是什么样子的?它又是如何工作的呢?

研究过程

1. 拆解工具准备

工具名称:螺丝刀、梅花刀等,如图23-2所示。

2. 拆解步骤

(1)用螺丝刀拆掉底座,如图23-3和23-4所示:

图 23-2　　　　　图 23-3　　　　　图 23-4

(2)打开电路板拆掉外围铝圈,如图23-5所示:

图 23-5

3. 解密内部结构

拆解后我们发现电饭煲主要由发热盘、限温器、保温开关、指示灯、限流电阻、插座等组成,各部件具体如图23-6所示。

图 23-6 保温器　指示灯　电源　发热盘　限温器　限流电阻

（1）发热盘：这是一个内嵌电发热管的铝合金圆盘，内锅就放在发热盘上，取下内锅即可看到，这是电饭锅的主要发热元件，做米饭和美食都是靠这个部件提供热能，从而把它们煮熟。

（2）限温器：又叫磁钢，内部装有一个永久磁环，上面有弹簧，可以按动，位置在发热盘的中央。蒸饭时，它靠永久磁环的吸力吸住内锅的锅底，锅底的温度不断升高，永久磁环的吸力随温度的升高而减弱，当内锅里的水被蒸发掉，锅底的温度达到103±2℃时，磁环的吸力小于其上的弹簧弹力，限温器被弹簧拉下，压动杠杆开关，切断电源与发热管之间的一条通路。

（3）保温开关：又称保温器，它由一个储能弹簧片、一对常闭触点（该触点一端连接电源另一端连接发热管）、一对常开触点（该触点一端连接电源另一端连接保温指示灯）、一个双金属片组成。蒸饭时，锅内温度升高，由于构成双金属片的两片金属的受热伸缩程度不同，结果使双金属片向上弯曲。当温度达到80℃以上时，向上弯曲的双金属片可以推开保温开关的常开触点，从而切断发热管与电源的一条通路；当锅内温度下降到80℃以下时，双金属片逐渐冷却，弯曲度减少，逐渐回到原位置，常闭触点在弹性作用下闭合，使发热管通电发热，实现电饭锅的保温功能。

煮饭时，只需要转动旋钮，给发热管接通电源；饭好时，限温器弹下，该开关恢复到起始位置，使发热管仅受保温开关控制。

（4）限流电阻：外观多为金黄色或白色，安装在发热管与电源之间，起着保护发热管的作用。常用的限流电阻为185Ω，电流为5A或10A（根据电饭锅功率而定）。限流电阻是保护发热管的关键元件，有的能用导线代替。

研究结论

通过拆解发现，电饭锅蒸饭饭熟后会自动断开，但是电饭锅烧水，水开后不能自动断开。具体原理是：饭熟后，水分被大米吸收，锅底温度升高，当温度升至103℃时，感温磁体失去铁磁性，在弹簧作用下，永磁体被弹开，触点分离，切断电源，从而停止加热。如果用电饭锅烧水，水沸腾后，锅内保持100℃不变，温度低于103℃，电饭锅不能自动断电。只有水烧干后，温度升高到103℃才能自动断电。

研究反思

拆解完电饭锅后，我终于明白了蒸饭时，按下按钮后，电饭锅内部发生的一切。开始蒸饭时，用手压下开关按钮，永磁体与感温磁体相吸，手松开后，二者也不会分开。只有饭熟了之后，锅底温度升高后，达到103℃后，才会断电保温。拆解完电饭锅后，我忽然想到，我们家的高压锅的工作原理是什么呢？我下一次要一探究竟。

教师点评

我在给刘子墨所在班级上课时，发现刘子墨在拆解签字笔。课后我留下他，问他拆解签字笔的原因，他说自己很喜欢进行拆解探究，我就给了他一个坏掉的鼠标，他拿回去，还没到放学时间就拿了回来，还给我讲解了他关于这个鼠标拆解的思考，他猜想了鼠标坏掉的原因，还提出了鼠标维修的建议。我听入迷了，就进一步激发他进行更有难度的拆解，于是就有了他这个电饭锅的拆解探秘。他不仅把电饭锅拆解了，更重要的是他分析了电饭锅的工作原理，而且得出了电饭锅烧水和蒸饭的工作原理，真是一次有深度的拆解探究。同时刘子墨同学还提出了下一步的探究方向。希望他能够借助这件事情，进一步学习和电子电路相关的知识，成就未来的自己。

成果 24　体脂秤的构造和工作原理初探

孙德一

研究背景

有一段时间，我每天都用体脂秤称自己的体重，发现我的体重上升得很快，而且我爸爸和妈妈的体重也很不稳定，难道是体脂秤出问题了吗？于是我准备将体脂秤拆开一探究竟。

研究过程

1. 准备工作

（1）我做了一些准备工作，一是观察了整个体脂秤的外观结构，正面有4个椭圆状的片形物体，背面有4个脚托，背后中心有电池仓，如图24-1所示。

图 24-1

（2）将电池卸下，注意防止拆卸时发生漏电现象，避免发生危险，如图24-2所示。

图 24-2

（3）准备1个盒子来专门盛放拆下来的零件，如图24-3所示。

图 24-3

2. 尝试拆卸

（1）仔细观察体脂秤的封装结构后，我决定摸着石头过河，于是小心翼翼地摸索拆卸。开始拆体脂秤背面的4个角，我用螺丝刀翘起了4个角，仔细观察其中的一个角，发现有2个螺钉，螺钉1是从正面装进来的，螺钉2是从反面装进来的，如图24-4所示。

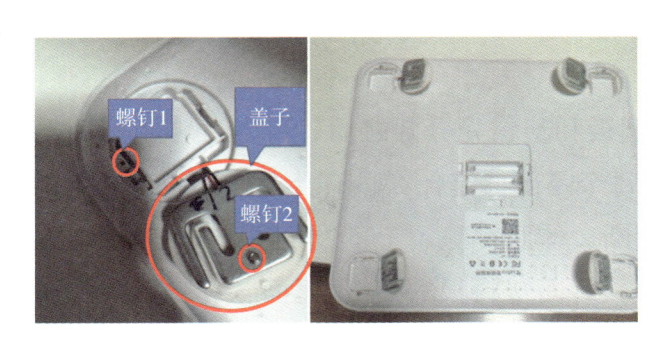

图 24-4

（2）我将螺钉1拧下后感觉没有任何作用，因为螺钉2是从反面装进来的，所以我推测，盖子后的橡胶防滑片可以拆下。于是，我将其卸下，卸下后发现是一个形状怪异的铁片，如图24-5所示，但是我暂时不知道这是什么东西，是干什么用的。

图 24-5

（3）我继续往下拆，发现只能"暴力拆卸"了。我使用一字螺丝刀撬开有机玻璃板，发现4个角上都用胶粘上了，所以我用螺丝刀翘起有机玻璃板并撑住，用壁纸刀切开胶，把有机玻璃板和塑料壳分开，如图24-6所示。

图 24-6

（4）有机玻璃板和塑料壳分开之后，我发现体脂秤的整体结构还算简单，如图24-7所示，但每个零部件是什么、有什么作用我都还不清楚。我利用观察到的信息进行初步判断，体脂秤除了上下2个盖板外，内部主要包括一个绿色电路板和显示屏电路板，背面塑料板的4个角里面各有1个铁片，铁片两两相对，4个铁片分别通过1根电线与绿色电路板相连，正面玻璃板上面有4个椭圆体物体连着分别通过1根电线连接显示屏电路板。

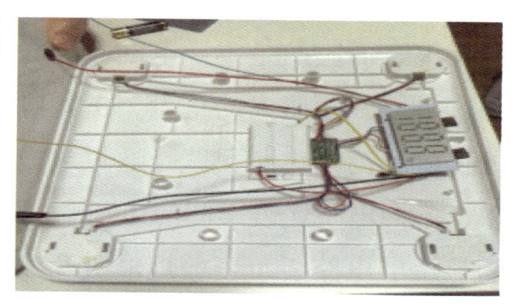

图 24-7

3. 自主学习内容

  我开始根据观察到的情况逐个推测零部件的名称和作用。根据我已了解的知识，体脂秤称重一定要有力传感器，里面有2个电路板，1个绿色的，1个带有显示屏的，我猜测中间绿色的电路板是用来汇总力传感器的数据，那么4个角上的铁片是什么呢？我百思不得其解，只好借助网络来帮忙。网上信息显示，这些铁片是力传感器，而4个力传感器都连着绿色的电路板，因此可以判定这个绿色的电路板是力传感器电路板。那力传感器是如何工作的呢？经过上网查询我了解到，电子体重秤的工作原理是利用力传感器，在置物平台上放上重物后造成压力，使其表面发生形变，从而引发了内置电阻的形状变化，电阻的形变引发电阻阻值的变化，电阻阻值的变化通过集成电路运算后又使内部电流发生变化，产生了相应的电信号，不同压力对应不同电流大小，这个电信号经过处理后就成了反映体重的可视数字。弄清楚了体脂秤的称重相关零部件和原理，那么体脂秤的另一个测体脂的功能又是通过什么零部件来实现的呢？它们之间有没有直接或间接的联系呢？带着这些疑问我又仔细观察秤的零部件。在剩下的零部件中，我发现正面有机玻璃板中的4个椭圆形物体分别通过1根电线连接着显示屏电路板，所以我大胆推测测体脂的功能是通过正面有机玻璃板上的4个椭圆形物体连接显示屏电路板实现的，那么这个原理是什么？我还是一头雾水，难道仅仅4个小物体加1个电路板就能测体脂？

  为了弄明白这个原理，我上网查询了测体脂的原理，网上查询的原理如下：某种频率电信号通过人体时，脂肪部分比肌肉和人体的其他组织对电信号的"阻抗"值更高。利用一个安全的特定频率电信号通过人体时，电信号会因人体"阻抗"值的不同而发生不同程度的变化。人体肌肉内含有较多血液，可以导电，而脂肪是不导电的。因为人体内电流以肌肉为导体，从电流通过的难易度可以知道肌肉的重量，由此可判断，在体重的比例中，肌肉较少的人脂肪的比例较高。体脂秤就是通过电极片实现人体内安全电流的循环，从而测定电阻，不同电阻代表不同的体脂率。这样看来，那4个椭圆形物体就是电极片了！而显示屏电路板负责处理电极片输入的信号。到现在为止，我基本搞清楚了体脂秤实现称重和测体脂的相关零部件和原理，但我还想知道二者之间是否存在关联，或是二者功能各自独立。我推测称重和测体脂这两个功能是独立的，因为这2个功能各有1个独立的电路板，为了验证我的推测，我将连着显示屏电路板的4根电线中的1根拔下（相当于测体脂功能失灵），合上体脂秤发现不影响称重。

研究结论

（1）绿色的电路板是力传感器电路板。

（2）4个椭圆形物体就是电极片，显示屏电路板负责处理电极片输入的信号。体脂秤就是通过电极片实现人体内安全电流的循环，从而测定电阻，不同电阻代表不同的体脂率。

研究反思

在想要测试称重功能是否影响测体脂功能时发现一个问题，短时期无法解决，那就是我拔下连接显示屏电路板的电线时不小心从电路板焊接处拔掉，要想恢复得使用电焊，而家里没有相关工具（焊枪），这个只能留待方便且安全时再测试。

经过前面的拆卸、测试和网上查询，我基本搞清楚了体脂秤的构造和原理。最后一步是把体脂秤复原，有了拆卸的经验，复原没费什么力气，但美中不足的是复原后称重的效果差了很多（测体脂功能因电线拔掉而无法使用），我的体重一会儿显示减了很多，一会儿又显示增加许多，数值摇摆不定，也不知道为什么。我仔细回忆了拆装的过程，认为最大可能是因为我将其中一个力传感器铁片拆开后用力地按压过，这可能会导致铁片失灵。这个问题以及体脂功能失效的问题，我还会继续探究。

看似一个小小的体脂秤，结构如此简单却蕴含着许多知识，包括压力传感、电路板、人体成分构成、电阻等物理和生物知识，这些知识目前对于我而言也只是一知半解，相信随着我知识面的不断丰富，我的收获会越来越多。

教师点评

孙德一同学对体脂秤的拆解过程讲解详细而且操作中有明确的安全意识，显然他有一定的电学基础知识。更难得的是在整个拆解过程中他一直带着自己的思考，一边思考一边拆解；在遇到自己不认识的元器件时，能随时查阅资料，一边学习一边拆解。

他写的研究反思也很有意思，其实这是在复原体脂秤时的思考。复原之后的体脂秤出现了各种各样的问题，每出现一个问题他就会回忆在拆解过程中可能导致这些问题的原因，并提出自己的猜想和假设。其实这些猜想和假设就能引出一系列的新的研究问题和研究方向，看似拆解结束了，但是研究和学习还远远没有完结。这是一篇非常有意义的拆解报告。

第 3 篇

生活调查篇

成果 25　**关于北京市海淀区完善全民健身场地设施——篮球场的调查研究**

周文沛

研究背景

有段时间，受身体情况和外界环境影响，我体重快速上升，一爬楼就累得气喘吁吁。这让我对体育锻炼更加重视，我对免疫力、健康、生命有了更深的思考。老师常对我们说："平时要积极投身体育锻炼，既把学习搞得好好的，也把身体搞得棒棒的，这样才能德智体美劳全面发展"，爸爸也建议我选择一种体育运动长期坚持下去。篮球，简单易行，又能强身健体，是我最喜欢的运动，就是它了，接下来的任务是找到适宜的日常运动场地。

之前，我常常在学校体育馆、小区空地和社会经营性篮球培训机构打球，这次寻找家附近的篮球场时，我惊喜地发现，周边有不少为居民设立的免费性全民健身场地设施，篮球场也在其中。全民健身场地设施的建设背景是什么？这些健身场地设施现状如何？居民对群众性篮球场的设立是否满意，有什么可改进之处？作为不久后的长期使用者，我特别希望能通过调查研究一探究竟，寻求提供建议的依据。

研究过程

1. 研究目的

通过对北京市海淀区全民健身场地设施——篮球场的管理现状以及居民需求

进行研究，对目前海淀区全民健身场地设施存在的问题以及发展的优势进行分析，提出了优化全民健身场地设施——篮球场建设的措施建议，从而推动全民健身场地设施更好地发挥作用。

2. 研究方法

（1）文献研究。

1）全民健身战略的实施。

老师向我们讲了不少信息搜索方法，借助网络搜索引擎，我了解到"全民健身"活动兴起的由来和全民健身场地设施大量兴建的背景。从2009年开始，国家把每年的8月8日定为"全民健身日"，这是为了纪念举世瞩目的北京奥运会成功举办，促进全民健身活动的开展。

2014年，国务院颁布《关于加快发展体育产业促进体育消费的若干意见》，将全民健身上升为国家战略。随后，《"健康中国2030"规划纲要》《健康中国行动（2019—2030年）》等一系列政策措施陆续颁布，推动了全民健身场地设施进一步兴建。

2）海淀区全民健身场地设施建设情况。

全民健身场地设施主要包括三类：①全民健身路径；②全民健身专项活动场地（篮球场、笼式足球场、网球场、乒乓球长廊、门球场、棋苑、羽毛球场、体育公园等）；③全民健身活动需用到的身体器材设施。2021年，北京市政府提出要建设群众身边的体育场地设施，解决群众"去哪儿健身"的问题。海淀区在北京市文化教育和科技交流方面发挥着重要作用，有着人口基数大、体育需求多的特点。据统计，截至2021年底，海淀区共配建全民健身工程1534套，室外活动场地609处，专项球类活动场地310处，健身步道12条，全区街（镇）、社区（村）"15分钟健身圈"100%覆盖。

3）海淀区全民健身事业发展的优势。

相比北京其他区，海淀区全民健身事业发展具有独特的优势，体现在：①经济实力强大（我查到，2022年，海淀区实现地区生产总值10206.9亿元，成为北京市第一个GDP突破万亿元的区，也是我国第二个经济总量破万亿元的市辖区），这为健身事业发展提供了良好的经济基础；②高校云集、人才资源充足，作为全国智力资源和科技人员最密集的地区（根据《北京市海淀区人才资源统计报告〔2020〕》），海淀区卓越的科技实力可以为健身事业发展提供雄厚的科技资源基础；③海淀区是国家高新技术产业基地，有利于海淀区体育事业形成独特的发展模式和核心竞争力；④群众体育意识强、需求旺盛。

（2）实地考察分析。

目前，海淀区全民健身场地设施主要位于社区周边、城市公园、公共绿地、郊野公园、绿隔区域内体育公园、健身休闲广场等公共场所。

借助电子地图搜索"篮球场"，得到距离家4公里内海淀区篮球场共10处，其中2处是群众性免费篮球场（基石健身园和定慧公园篮球场），4处是商业性收费篮球场，另外4处为学校或单位不对外开放的内部篮球场。我利用休息时间对这10家篮球场开展了实地走访，以便直观了解各类篮球场的现状。

实地调研发现，家附近的群众性免费篮球场都在室外，主要位于社区周边、绿隔区域内的健身休闲广场，一般无人值守，管理相对松散，打球无法预约，采取随来随打的模式，地板为塑胶材质，少有休息椅，无更衣室或存物柜，无专用停车场，只能路边停车。营利性篮球场通常为商业性体育机构、培训机构所有，位于体育场馆或交通要道旁的写字楼内，篮球场大都为室内场地（个别的室内外均有），打球须预约，地板通常为木质地板，一般有专人负责维护和保洁，硬件配置更高级（如气膜顶），停车、如厕、购物等配套服务更齐全。

2022年10月上旬，我以定慧公园篮球场为主要观测点，进行了为期5天的观察，从不同日期、不同时段就打球人数情况做了跟踪式调研。调研发现，假日期间，早上7点~9点和下午5点~9点，是篮球场打球人数高峰期，上午9点~10点之间打球人数大幅下降，中午时分因太阳太大和中午就餐，球场几乎无人打球，下午4点开始打球人数不断增加。

2022年10月下旬，我到基石健身园观察篮球场打球情况。该篮球场建在居民区附近的休闲绿化带，有4个球场。由于绿化比较好，篮球场四周的高大树木有效阻挡了阳光的暴晒，从早上9点开始，篮球场几乎一直处于人员拥挤的状态（除中午时段）。我向附近的居民了解了一下，下午从3点开始一直持续到晚上10点，打球人员更多，因为陆续有不少上班族来锻炼身体。

（3）问卷调查数据及分析。

在实地调研后，我设计了包含居民需求征询类和使用评价类两方面共计13道题的问卷，以单选或多选形式，了解市民对全民健身场地设施——篮球场的需求和看法。根据问卷回答情况，我们选择了第1、5、6、7、8、9、10、11题进行详细分析。

问卷发放方式：通过"问卷星"小程序面向同学、邻居和朋友等市民发放。

问卷发放及回收时间：2022年11月2日~27日。

问卷收回数量：收回有效问卷76份。

1）需求征询方面。

第1题（多选），你平时去篮球场的目的是什么？结果分析如图25-1所示。

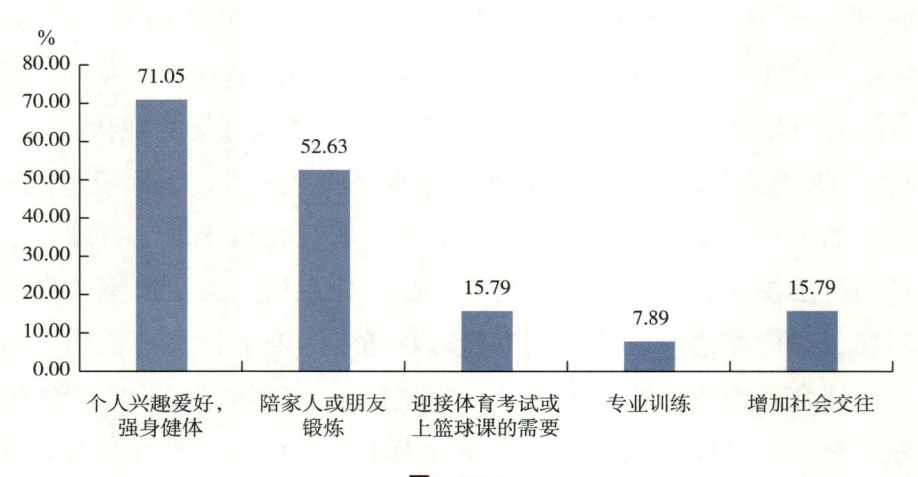

图 25-1

基于问卷结果，可以看到："个人兴趣爱好，强身健体"是选择最多的一项，其次是"陪家人或朋友锻炼"。

第5题（多选），你希望篮球场什么时间开放？结果分析如图25-2所示。

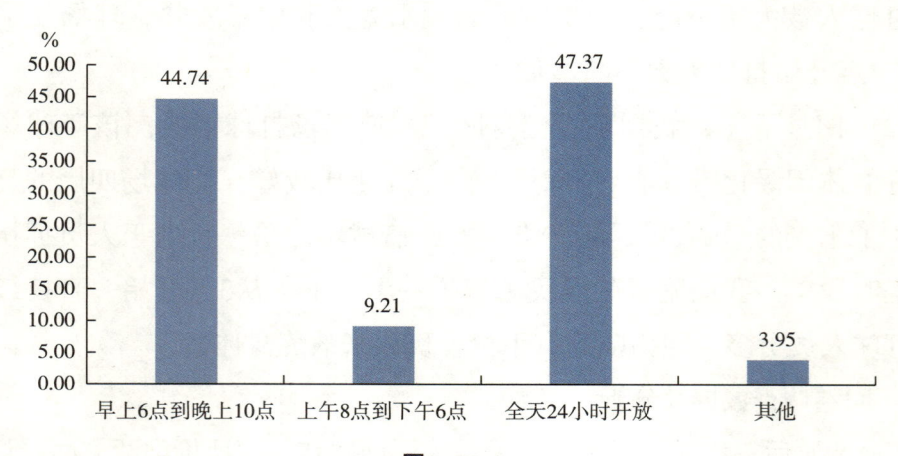

图 25-2

基于问卷结果，可以看到：居民健身需求旺盛，对全民健身场地设施——篮球场的全天候开放有强烈期盼。

第6题（单选），你希望篮球场离家有多远？结果分析如图25-3所示。

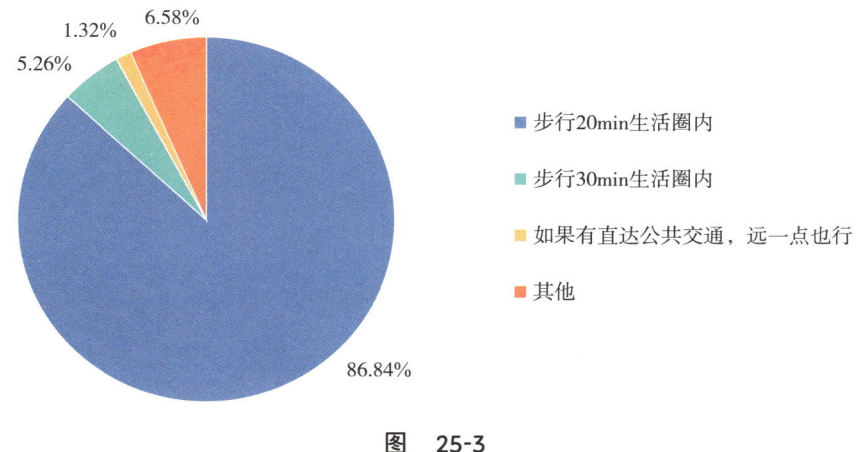

图 25-3

基于问卷结果，可以看到：居民非常在意篮球场设置的距离远近，距离因素将直接影响篮球场的使用率。

第7题（多选），你平时选择篮球场时优先考虑的因素是什么？结果分析如图25-4所示。

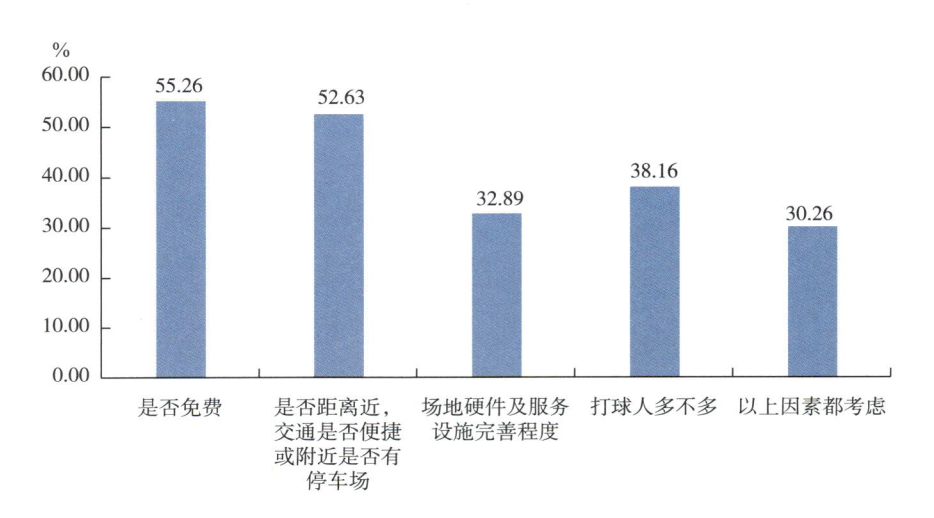

图 25-4

基于问卷结果，可以看到：费用、距离和人员拥挤度是居民在选择篮球场时重点考虑的三大因素，大家都比较重视个人的经济成本和时间成本。

第10题（单选），你认为群众性篮球场场地设计上应注意什么？结果分析如图25-5所示。

基于问卷结果，可以看到：由于越来越多的12岁以下青少年加入了篮球运动，家长对孩子加强身体锻炼的要求在提升。

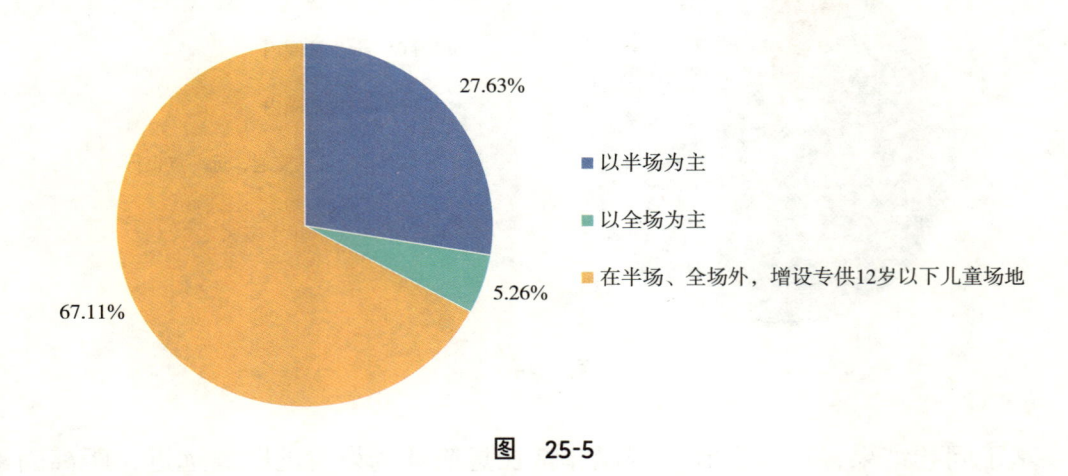

- 以半场为主 27.63%
- 以全场为主 5.26%
- 在半场、全场外，增设专供12岁以下儿童场地 67.11%

图 25-5

2）使用评价方面。

第8题（单选），你认为现有群众性篮球场场地布局是否合理？结果分析如图25-6所示。

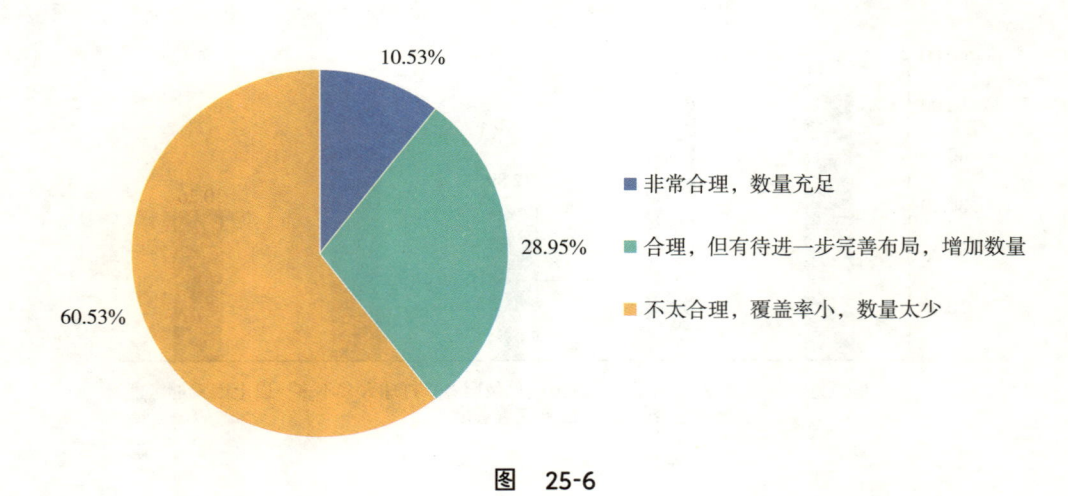

- 非常合理，数量充足 10.53%
- 合理，但有待进一步完善布局，增加数量 28.95%
- 不太合理，覆盖率小，数量太少 60.53%

图 25-6

（注：因四舍五入，各分项与总和有微小差值，不影响统计结果）

基于问卷结果，可以看到：居民对篮球场的覆盖率和数量仍有较大的期待。

第9题（多选），平时去群众性篮球场遇到的不便有哪些？结果分析如图25-7所示。

基于问卷结果，可以看到：对篮球场相关信息的宣传不足，设施配套服务有待进一步优化和加强。

第11题（多选），你认为群众性篮球场需要完善哪些配套设施？结果分析如图25-8所示。

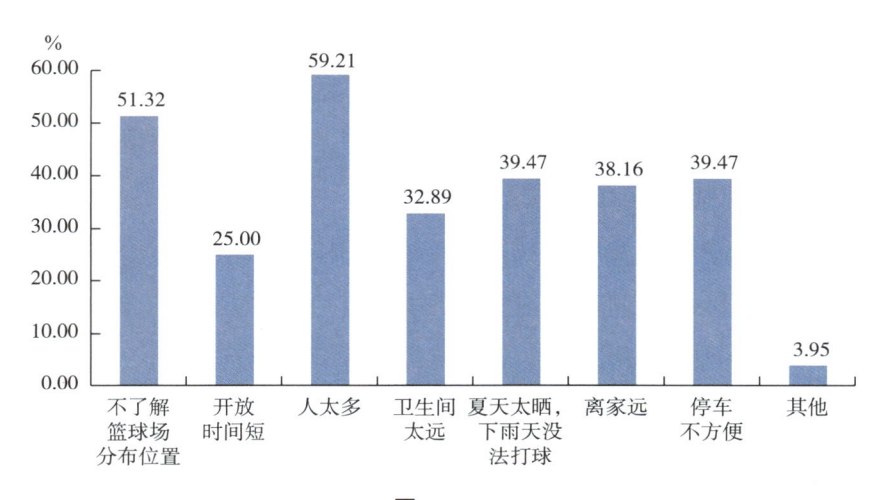

图 25-7

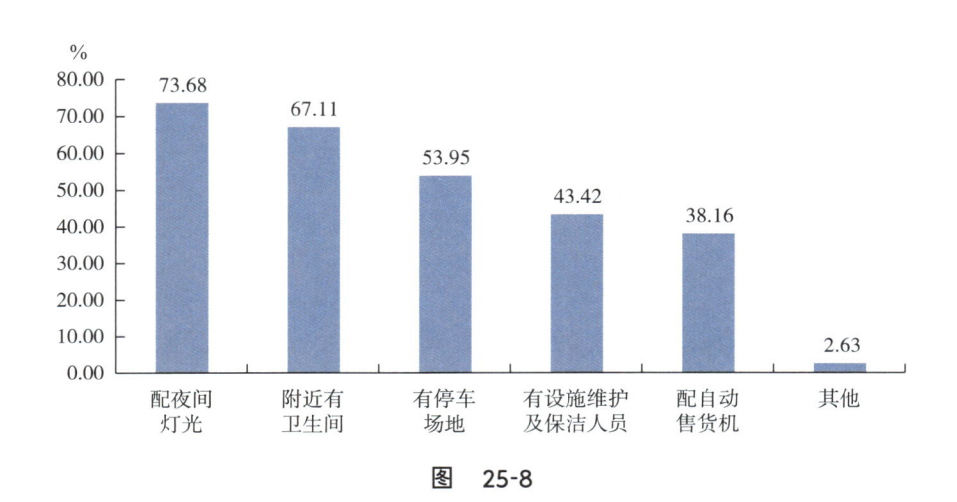

图 25-8

基于问卷结果，可以看到：目前篮球场的配套建设相对居民的需求来说还存在差距，需要进一步优化篮球场设施建设，补足短板。

研究结论

调研情况显示，居民篮球运动热情高，但群众性篮球运动场地的数量在居民短距离生活圈内分布依然不足，并且统一规范的管理及配套服务较为欠缺，需要进一步提高群众性篮球场地建设的数量和质量。

基于以上研究结论，我提出以下建议：

（1）充分利用小区周边空地、低层建筑屋顶、单位闲置球场建设群众性篮球场地。

（2）按时间段适度开放非保密单位的内部篮球场地，社会化共享体育资源。

（3）建立全民健身场地设施统一标识管理，明确开放时间、使用规则和维护单位责任，并提供维护单位的联系方式。

（4）统筹考虑停车、如厕、物品存放和饮用水供给等配套服务。

（5）利用海淀区科技优势，建立具有社交与反馈功能的全民健身场地设施智慧化信息平台，为居民提供信息交流与需求反馈的渠道。

研究反思

目前，针对特殊群体建设的健身设施还很少，下一步可以围绕"如何提高特殊群体的场地设施建设水平，优化配套的公共体育服务体系"进行研究。

教师点评

本篇论文是典型的社会调查的优秀案例。学生基于自己生活学习的实际情况，生发出真实的、想要探究的、有价值的问题。采用实地考察法、问卷调查法和文献查阅等方法，精心设计涉及全民健身场地设施需求征询类和使用评价类的问题，通过观察记录以及分析数据，认真了解海淀区全民健身场地设施存在的问题以及发展的优势，并非常有条理地提出了优化全民健身场地设施——篮球场建设的措施建议。

周文沛同学在研究的过程中，观察记录做得比较充分，文献查阅和数据收集也比较科学。对于初中生来说，这一点是非常值得肯定的。不过，下一步工作方向的提出略微欠缺参考依据。

为了更加具体地阐明观点，进行科学解释是有必要的。数据结果和结论之间的清晰逻辑关系需要更加严谨地阐明。这样的研究就更具有科学性和说服力了！

研究反思中提出的建议：利用低层建筑屋顶建设群众性篮球场地，这种方法是否可行？打球过程中巨大的噪声是否会影响楼下居民的正常生活？这些值得研究者再深入思考。

成果 26　关于电动自行车驾乘人员佩戴头盔情况的调查和建议——以北京市海淀区万寿路与复兴路交叉路口调查为例

于夕涵

研究背景

我发现最近有很多关于电动自行车头盔佩戴情况的新闻，有一些交通事故令人触目惊心。佩戴头盔能大大降低事故中的伤亡率，很多城市都在大力宣传，比如浙江省的整体头盔佩戴率就比较高，这令我产生了很大的兴趣。在北京，大家佩戴头盔的情况怎么样呢？人们的安全意识又有多少？

研究过程

1. 研究目的

希望通过调查，提出合理化建议，促使电动自行车驾乘者能够自觉地佩戴头盔，意识到佩戴头盔的安全性和重要性，减少因此产生的伤亡。

2. 研究方法

（1）问卷调查及分析。

用"问卷星"小程序进行调查，了解广大群众在驾乘电动自行车时佩戴头盔的情况以及对此的看法和感受；同时，了解他们在自己所在地区观察到的佩戴头盔情况，对此进行信息收集，并汇总分析结果。

这次问卷调查共发放问卷103张，回收问卷103张，有效问卷103张。103人中有58人驾乘过电动自行车，如图26-1所示，这58人里有20.69%的人经常戴头盔，有时戴的占比34.48%，居然有44.83%的人从没佩戴过头盔。

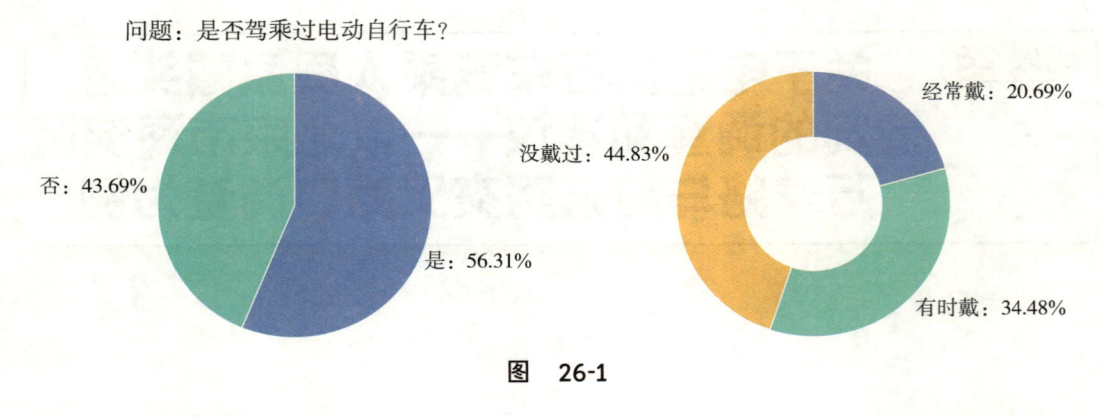

问题：是否驾乘过电动自行车？

否：43.69%　　是：56.31%

经常戴：20.69%
没戴过：44.83%
有时戴：34.48%

图 26-1

关于这58位驾乘者会在什么情况下佩戴头盔的调查，结果分析如图26-2所示。从图中可以发现，大多数人都选择了在道路湿滑的雨雪天气或路上有交警检查时就会戴。再结合图26-1发现的没戴过头盔的占比44.83%，基本能确定大部分家庭都是没有头盔的。目前虽然对于电动自行车驾乘人员未戴头盔的情况有一定的惩罚措施，但执行力度不强，导致没有佩戴过头盔的人非常多。

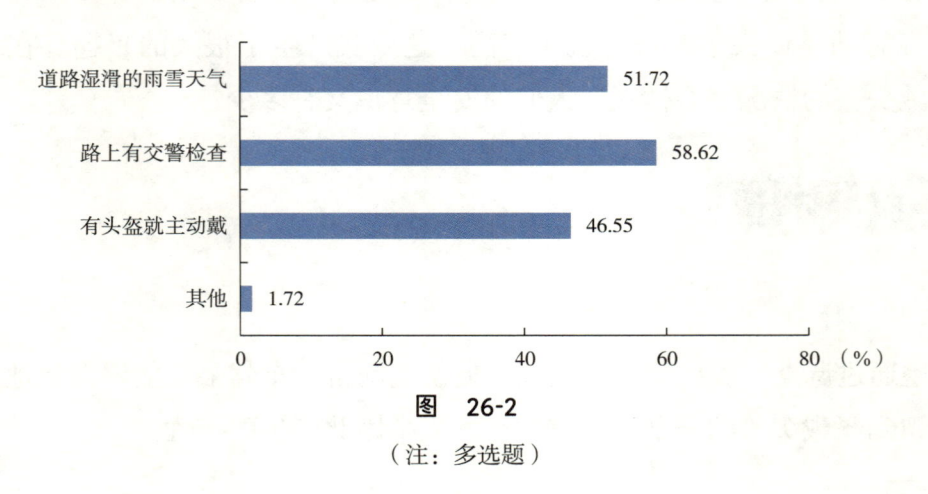

选项	百分比(%)
道路湿滑的雨雪天气	51.72
路上有交警检查	58.62
有头盔就主动戴	46.55
其他	1.72

图 26-2

（注：多选题）

通过103张问卷，了解被调查者在路上观察到的头盔佩戴情况，调查结果分析如图26-3所示。70.87%的人选择了没戴头盔的比戴头盔的多，也就是这些地区的头盔佩戴率并不高。

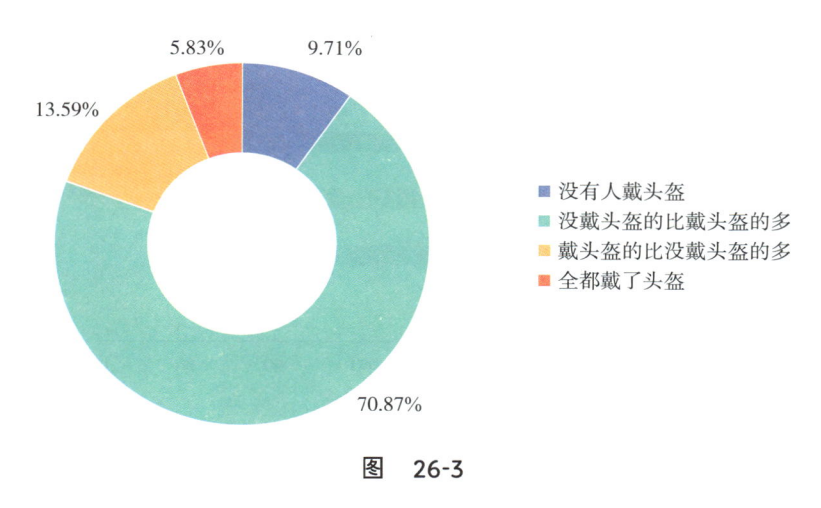

图 26-3

关于大家不戴头盔的原因，调查结果的分析如图26-4所示。从图中可以看到，大部分人都是因为"太麻烦了"，所以不愿意去买头盔和戴头盔出门，"其他"选项中也有人补充说是因为头盔太脏、不卫生，他们没有意识到佩戴头盔的重要性。

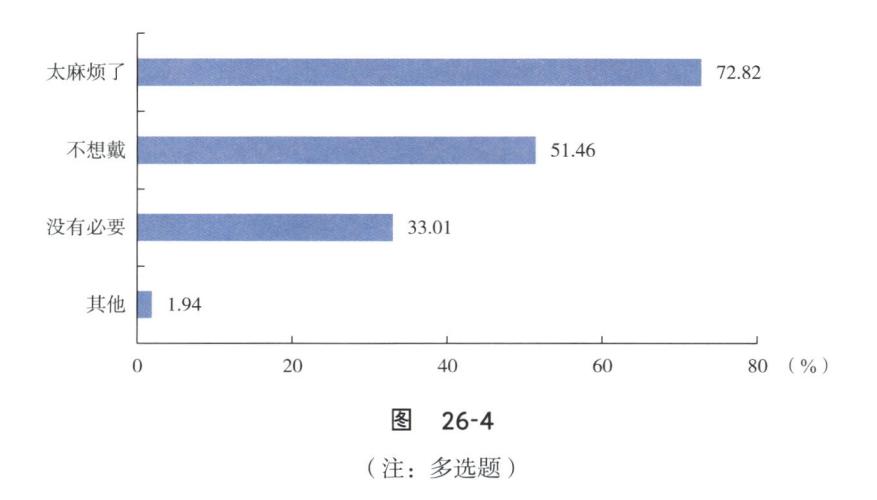

图 26-4

（注：多选题）

我认为这些问题都是可以解决的，比如说在车的后座上安装一个小箱子，头盔不用的时候锁在小箱子里，既方便使用、防止丢失，又可以保持卫生。我们应该认识到，人身安全是排在第一位的。

"您认为电动自行车驾乘者不戴头盔存在的危险有哪些？"针对这一问题，调查结果的分析如图26-5所示。大多数人认为危险在于发生交通事故时头部没有保护，这证明大家都知道头盔对于保护头部安全的重要性。那为什么大多数人还不佩戴呢？都存在侥幸心理吗？

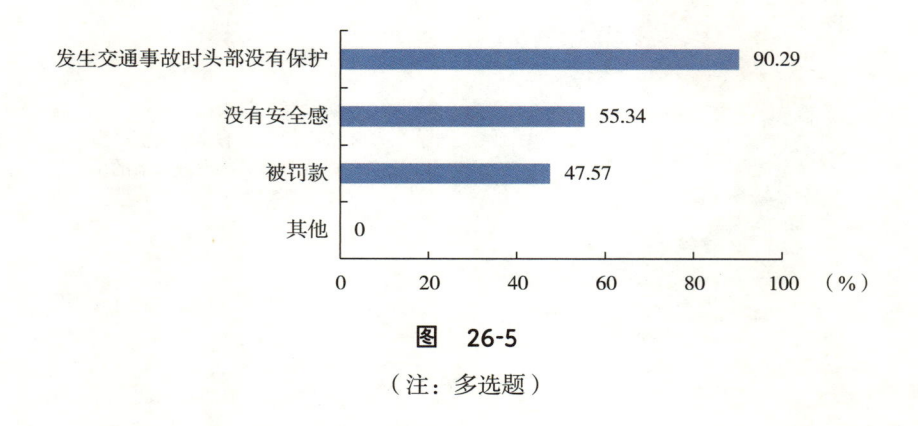

图 26-5

（注：多选题）

2023年4月3日，新版《摩托车、电动自行车乘员头盔》国家标准（GB 811—2022）正式发布，该标准规定了电动自行车乘员（包括驾驶人及乘坐人员）佩戴的头盔标准。对此"了解一点"的人占多数（如图26-6所示），大家对于法律规定还是知道的，只是目前管理和惩罚不是很严格，所以实施效果不是很好。

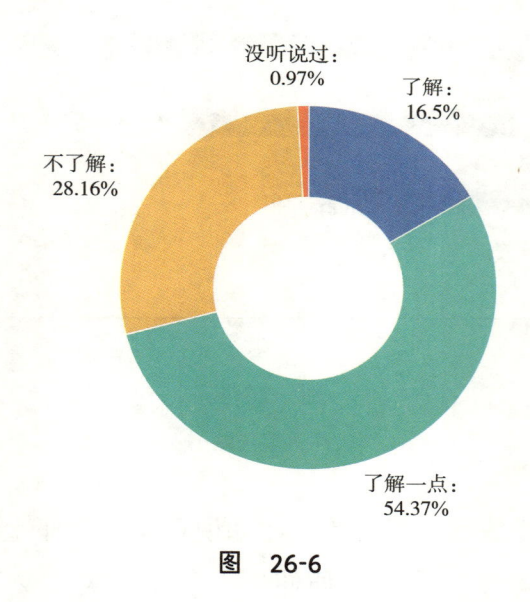

图 26-6

如图26-7所示，在调查中还发现，后座的头盔佩戴率不足20%，我认为不管是驾驶人员还是乘坐者，面临的危险程度都是一样的。

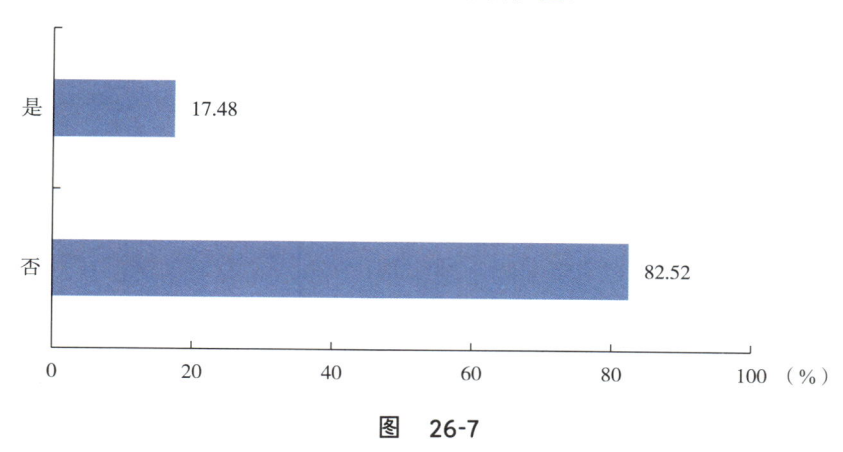

问题：乘坐者是否佩戴头盔？

是 17.48

否 82.52

图 26-7

调查小结：电动自行车驾乘者佩戴头盔率很低，头盔拥有率也很低，大家觉得戴着麻烦又不想买，还有侥幸心理，觉得自己只要小心一些，就不会出现交通事故。但是那些出了事故的人不都是这么想的吗？有句俗话说得好："不怕一万，就怕万一"，当事故真的出现时，头盔的作用绝对是显而易见的，为了安全着想，大家一定要做好防护！

（2）实地调查及分析。

我选取北京市海淀区万寿路与复兴路交叉路口，做了19天，每天各10min的电动自行车驾乘者佩戴头盔的观察记录（共19次记录），计算出了头盔佩戴率，结果见表26-1。

表 26-1

序号	日期	时间	电动自行车经过数量（辆）	未佩戴头盔数量（辆）	头盔佩戴率
1	10月26日	17：42~17：52	102	74	27.45%
2	10月27日	17：51~18：01	137	89	35.04%
3	10月28日	17：43~17：53	126	91	27.78%
4	10月29日	17：47~17：57	105	83	20.95%
5	11月1日	18：00~18：10	123	93	24.39%

（续）

序号	日期	时间	电动自行车经过数量（辆）	未佩戴头盔数量（辆）	头盔佩戴率
6	11月2日	17:53~18:03	134	87	35.07%
7	11月3日	17:44~17:54	116	79	31.90%
8	11月4日	17:46~17:56	129	96	25.58%
9	11月5日	17:51~18:01	97	82	15.46%
10	11月8日	17:49~17:59	109	90	17.43%
11	11月9日	18:03~18:13	134	101	24.63%
12	11月10日	17:52~18:02	108	83	23.15%
13	11月11日	18:43~18:53	124	70	43.55%
14	11月12日	18:07~18:17	113	69	38.94%
15	11月15日	17:52~18:02	101	87	13.86%
16	11月16日	17:42~17:52	130	98	24.62%
17	11月17日	17:50~18:00	99	84	15.15%
18	11月18日	17:46~17:56	122	72	40.98%
19	11月19日	18:11~18:21	108	91	15.74%

我观察的时间是10月26日~11月19日的工作日，每次观察10min，都是在同一位置观察，得出了上表的数据。如果再进一步计算，头盔的平均佩戴率在26.40%左右。

小结：通过这次调查可以看出，这个地区的头盔佩戴率大约是26.4%，非常低。而且我在调查中发现，佩戴头盔的大多数都是送外卖的小哥。这里临近学校，放学时会有很多家长和学生，未佩戴头盔的学生坐在由家长驾驶的电动自行车后座上飞驰，在车流中穿梭，我真为他们的安全担心。

研究结论

数据显示，电动自行车在与机动车发生交通事故时，无论是与机动车相撞发生的一次撞击，还是倒地后的二次撞击，驾乘者头部都是最容易受到伤害的部位，也是受伤后对健康影响最大的部位。在交通事故中，非机动车驾驶人有3/4以上的致命伤发生在头部。但如果他们使用了安全头盔，就能有效减少头部伤害。研究证实，安全头盔可分别使头部受伤和颅脑损伤的概率减少63%和88%。

针对本次调查电动自行车佩戴头盔的问题，我主要提出以下建议：

（1）目前部分地区对不佩戴头盔情况的管理并不是特别严格，建议加强管理和提醒，可采取必要的惩罚机制。

（2）建议进行佩戴头盔宣传教育，公共场所张贴宣传海报，电视新闻传播引导。

（3）各个小区门岗保安注意提醒居民出行佩戴头盔，安全第一，不佩戴头盔者劝返。

（4）学校门口保安应注意骑电动自行车接送孩子的家长及坐在后座的学生是否都佩戴好头盔，提醒学生佩戴并告知家长。

研究反思

我很想进一步了解头盔在夏天和冬天佩戴时的温度有什么不同？是否需要加厚或变轻薄，前提是不影响头盔原本的作用，以方便人们的使用，期待下一次实验。

教师点评

本案例源于热点新闻——骑电动自行车者佩戴头盔可以有效降低伤亡率，这启发了学生的研究方向。该选题有利于促进驾乘电动自行车的人养成佩戴头盔的好习惯，提升人们在日常交通中的安全意识，具有极强的现实意义。研究者采用问卷调查、实地调查的方法，进行了细致的记录和分析，发现人们在日常交通活动中佩戴头盔意识淡薄，有严重的安全隐患。于是针对大多数人不佩戴头盔的现状，研究者提出了切实可行的建议。该案例体现了研究者的责任担当意识。同时研究者在反思中提出了下次实验探究的问题，很值得期待。

成果 27　关于城市居民节水情况的社会调查

杨季兴　马悦轩　虞悠然

研究背景

水是生命之源，是人类赖以生存的重要资源。就我国水资源现状来看，我国是一个干旱缺水严重的国家。我国的淡水资源总量为28000亿立方米，占全球水资源的6%，名列世界第六位。但是，我国因为人口多，是全球人均水资源最贫乏的国家之一。

而在我们身边，不注意节约用水，甚至浪费水的现象屡见不鲜。比如在公共场所，水龙头漏水但没有人及时修理；保洁人员洗拖布时走开，水哗哗地流走；有人洗完手，没关水龙头就离开；还有人将喝了几口的瓶装水随手扔掉等。于是，我们想对城市居民节水情况做深入调研。

（1）项目目标。

本项目旨在调研、分析城市居民的节水意识、节水习惯以及节水措施，有针对性地提出节水建议，希望引起全社会的重视，从我做起，从点滴做起，节水、惜水，为建设美丽中国贡献力量。

（2）立意及创新点。

结合2017年国家颁布的《水效标识管理办法》，我们开展了城市居民对水效标识认知、节水意识、节水习惯的调查，1347位受访者在线填写了问卷，他们分布在一、二、三、四、五线城市，调查结果具有一定代表性，有助于全面地了解我国城市居民的节水意识、节水习惯的现状。

根据调查结果，本项目有针对性地提出节水建议，对启发思考如何建设节约型社会有重要意义。

研究过程

1. 研究流程

按照图27-1所示开展研究。

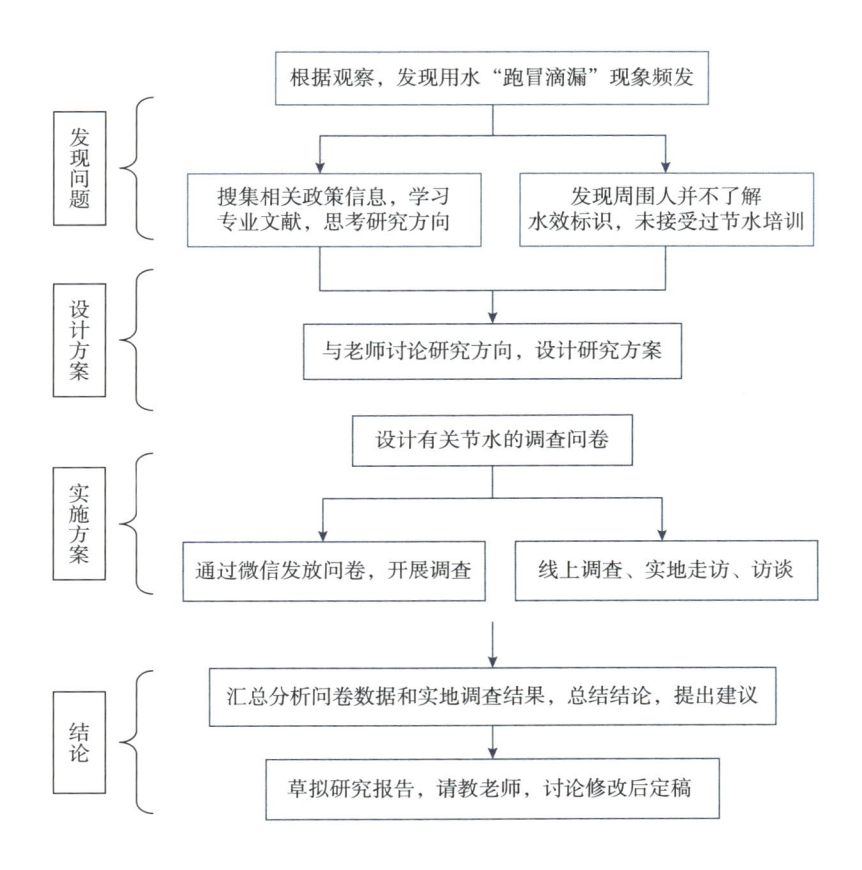

```
发现问题:
  根据观察,发现用水"跑冒滴漏"现象频发
    ↓                          ↓
  搜集相关政策信息,学习      发现周围人并不了解
  专业文献,思考研究方向      水效标识,未接受过节水培训

设计方案:
  与老师讨论研究方向,设计研究方案

实施方案:
  设计有关节水的调查问卷
    ↓                          ↓
  通过微信发放问卷,开展调查    线上调查、实地走访、访谈

结论:
  汇总分析问卷数据和实地调查结果,总结结论,提出建议
    ↓
  草拟研究报告,请教老师,讨论修改后定稿
```

图 27-1

2. 问卷调查

2022年2月,我们发出问卷,主要面向我们的同学、家长以及家长的亲朋好友、同事等,通过在朋友圈、微信群发放问卷,随机开展调查,共收回问卷1347份。汇总分析如下:

(1)受访者基本特征。

①受访者年龄分布:此次问卷调查中,受访人群年龄范围较广,从青少年、中年到老年都有参与,具备一定的代表性。其中21~50岁人群合计占比高达

90.94%，该人群细分后比重由高至低排名依次是21~30岁、31~40岁、41~50岁，他们是社会、家庭的中坚力量，他们的节水意识和节水习惯具有较强的代表性，同时也在某种程度上决定中国未来10~20年的节水趋势。

②受访者地域分布：如图27-2所示，此次问卷调查受访人群所在地域多样化，覆盖17个省及3个直辖市。既有北京、上海这样的一线城市，也包括吉林省长春市、河北省保定市、辽宁省营口市、山西省朔州市等二、三、四及五线城市。通过调查不同地域、经济发展水平不同的城市，可以更全面地了解我国城市居民节水意识、节水习惯的现状。

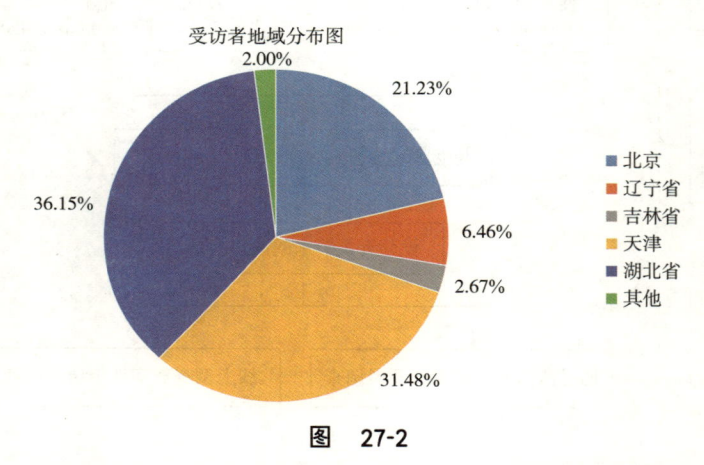

图 27-2

（注：因四舍五入，各分项与总和有微小差值，不影响统计结果）

③受访者家庭常住人口及角色分布，如图27-3所示。此次调查，受访者家庭常住人口基本呈正态分布，其中66.44%是三口及以上的家庭。

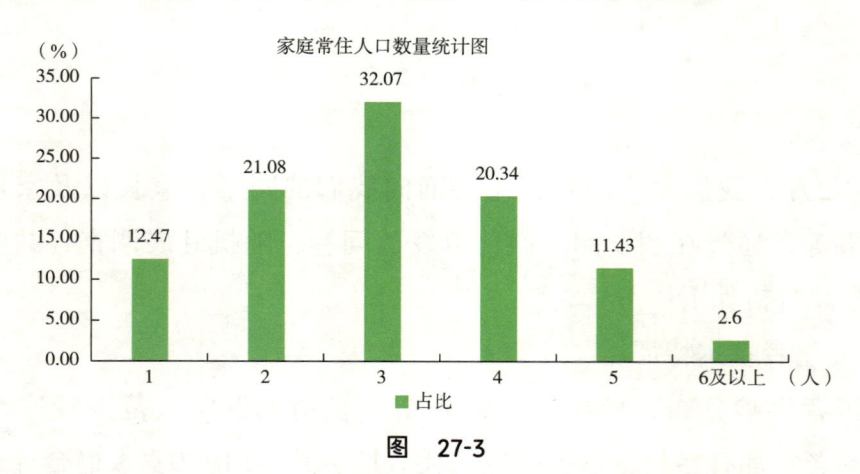

图 27-3

（注：因四舍五入，各分项与总和有微小差值，不影响统计结果）

同时，64.37%的受访者认为自己是家庭中用水最多的人，所以他们反馈的用水习惯、节水意识可代表家庭，见表27-1。

表 27-1

选项（单选）	小计	比例
您自己	867	64.37%
孩子	149	11.06%
老人	184	13.66%
爱人	127	9.43%
保姆	20	1.48%
本题有效填写人次	1347	

④家庭月均水费分布：调研数据显示，82.47%的家庭月均水费在100元以内，10.02%的家庭月均水费超过100元，另外有7.50%的受访者未曾关注水费情况，如图27-4所示。

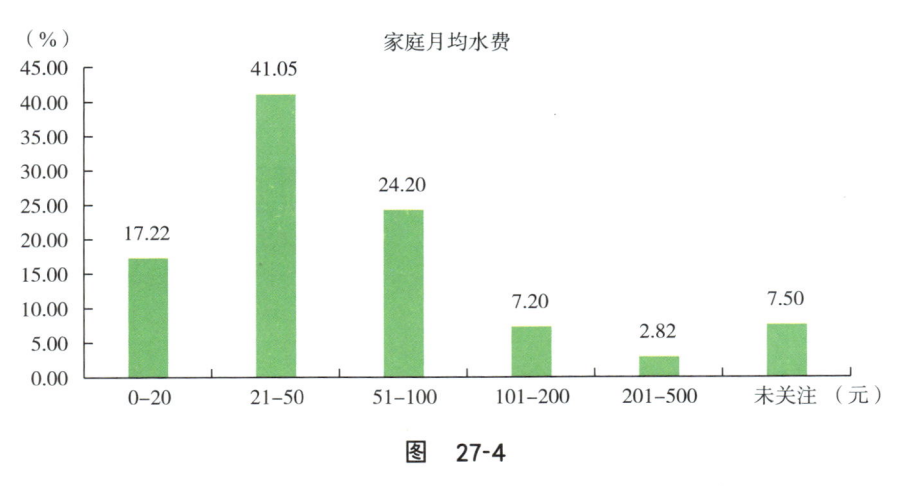

图 27-4

（注：因四舍五入，各分项与总和有微小差值，不影响统计结果）

（2）对水效标识及节水器具的认知。

为推广高效节水产品，提高用水效率，推动节水技术进步，增强全民节水意识，促进我国节水产品产业健康快速发展，2017年国家发布了《水效标识管理办法》（简称《办法》），自2018年3月1日起施行。《办法》要求，对列入《中华人民共和国实施水效标识的产品目录》的产品，应当在产品或最小包装的明显部位标注水效标识，并在产品使用说明书中予以说明。对于网络交易，销售者应当在产品信息展示主页面醒目位置展示相应的水效标识，如图27-5所示。

2020年9月，根据《水效标识管理办法》《中华人民共和国实行水效标识的产品目录（第二批）》及《智能坐便器水效标识实施规则》《洗碗机水效标识实施规则》《坐便器水效标识实施规则》（修订）同时发布。

图 27-5

对此，我们的问卷做了重点调查。具体如下：

①您及家人是否了解《水效标识管理办法》？结果分析见表27-2。

表 27-2

选项（单选）	小计	比例
非常了解	108	8.02%
了解一些	425	31.55%
基本不了解	496	36.82%
完全不了解	318	23.61%
本题有效填写人次	1347	

上述结果显示，对《水效标识管理办法》非常了解的受访者仅占8.02%，60.43%的受访者基本不了解甚至完全不了解。

②您及家人购买坐便器、洗碗机时，销售人员是否介绍过水效标识？结果分析见表27-3。

表 27-3

选项（单选）	小计	比例
介绍过	418	31.03%
未介绍	929	68.97%
本题有效填写人次	1347	

上述结果显示，近七成受访者在购买坐便器、洗碗机时，销售人员未介绍水效标识的相关信息，这与前一个问题的结果相呼应，即大部分受访者在可以了解水效标识信息的场所并未获得相关的知识，并未接受节水引导。

我们在网上销售平台抽样也发现有的坐便器销售页面仅笼统提到节水功能，而并未标注水效标识，不符合《办法》中"对于网络交易，销售者应当在产品信息展示主页面醒目位置展示相应的水效标识"的政策要求。

③您及家人选购坐便器、洗碗机时，是否关注过水效标识？结果分析见表27-4。

表 27-4

选项（单选）	小计	比例
水效标识是选购的首选项	192	14.25%
水效标识是参考项，重点看产品性能	481	35.71%
水效标识是参考项，重点看价格	95	7.05%
未曾关注过水效标识	579	42.98%
本题有效填写人次	1347	

（注：因四舍五入，各分项与总和有微小差值，不影响统计结果）

1347位受访者中，在选购坐便器、洗碗机时，未曾关注过水效标识的人群占比最高；仅有192位受访者将水效标识作为选购的首选项，占比只有14.25%，其中145位是销售人员向其介绍过水效标识，占比超过七成，说明销售人员的介绍有明显作用。

④未来水效标识将进一步普及，购买家电时您及家人是否会重点考虑节水器具？结果分析见表27-5。

表 27-5

选项（单选）	小计	比例
会	1063	78.92%
不会	60	4.45%
不一定	224	16.63%
本题有效填写人次	1347	

值得欣喜的是，通过此次问卷，近八成受访者表示，未来购买家电时，会重点考虑节水器具，与前面对《水效标识管理办法》"非常了解"的受访者仅占8.02%形成反差，可见绝大多数人一旦了解水效标识，就会有意识地选择节水器具。

同样值得关注的是，家庭月均水费100元以下及未曾关注水费的人中有249人对此问题选择"不会"或"不一定"，占这两种选择（284人）的87.68%。不排除水费支出未构成压力的人群，节水意愿并不强烈，对节水目的的认知有待进一步引导。

（3）用水重点项目分析。

家庭用水情况调查显示，85.60%和77.21%的受访者表示家庭用水量最大的两个项目是洗澡、洗衣，见表27-6。

表 27-6

选项（多选）	小计	比例
洗澡	1153	85.60%
洗衣	1040	77.21%
餐饮	258	19.15%
冲坐便器	210	15.59%
洗车	23	1.71%
其他	10	0.74%
本题有效填写人次	1347	

①洗澡与淋浴器。

家庭每周人均洗澡频率见表27-7。

表 27-7

选项（单选）	小计	比例
1~2次	278	20.64%
3~4次	438	32.52%
4~5次	280	20.79%
每天至少1次	351	26.06%
本题有效填写人次	1347	

（注：因四舍五入，各分项与总和有微小差值，不影响统计结果）

平均每次洗澡时间（min），见表27-8。

表 27-8

选项（单选）	小计	比例
10min以下	200	14.85%
10~20min	723	53.67%
20~30min	309	22.94%
30~40min	80	5.94%
40min及以上	35	2.60%
本题有效填写人次	1347	

截至问卷发放日，淋浴器的水效标识尚未实施，但随着生活水平的改善，个人卫生习惯不断养成。79.37%的受访者表示家庭每周人均洗澡3次及以上；洗澡时间半数以上为10~20min，其次是20~30min。值得关注的是家庭每周人均洗澡3次及以上，且洗澡时间30min及以上的共有75人，他们中有46人有洗手、洗澡期间一直开水龙头、洗澡时热水器最初的凉水直接放掉的浪费习惯；他们中有25人未来选购电器时不会或不一定考虑节水产品。可见淋浴节水器具的研发与推广势

在必行。

②洗衣与洗衣机。

洗衣机每周开动次数见表27-9。

表 27-9

选项（单选）	小计	比例
1次	215	15.96%
2次	320	23.76%
3次	351	26.06%
4次	146	10.84%
5次及以上	315	23.39%
本题有效填写人次	1347	

（注：因四舍五入，各分项与总和有微小差值，不影响统计结果）

每次洗衣前，是否按说明注意控制洗衣液的投放比例？结果分析见表27-10。

表 27-10

选项（单选）	小计	比例
会	914	67.85%
不会	433	32.15%
本题有效填写人次	1347	

洗衣作为用水大项，两个数据值得关注，一是洗衣机每周开动3次及以上的受访者占比超六成。二是三成以上受访者每次洗衣前未关注对洗衣液投放比例的控制，这可能加大用水量，特别是内衣、毛衣等不适合机洗的衣服，在各种专用洗衣液层出不穷的情况下，洗衣液随意使用对用水量存在一定影响。

③净水器。

净水器的废水比，见表27-11。

表 27-11

选项（单选）	小计	比例
3∶1	88	6.53%
1.5∶1	68	5.05%
1∶1	63	4.68%
1∶1.5	27	2.00%
1∶3	21	1.56%
未关注	560	41.57%
未安装净水器	520	38.60%
本题有效填写人次	1347	

（注：因四舍五入，各分项与总和有微小差值，不影响统计结果）

净水器存在废水排放的问题，废水比的计算方法是单位时间内纯净水与排放的废水体积比。1∶3的净水器代表每出100cc纯净水，就要产生300cc的废水。此次调查发现，1347位受访者中安装净水器的为827位，占比61.40%，其中有560位受访者从未关注净水器的废水比，占家里安装净水器受访者的67.71%。而安装且知晓净水器废水比的受访者中，41.57%的受访者家庭废水比在1∶1及以下。

（4）用水习惯。

①您及家人是否使用中水？结果分析见表27-12。

表 27-12

选项（单选）	小计	比例
使用	689	51.15%
未使用	658	48.85%
本题有效填写人次	1347	

中水是指生活污水处理后，达到规定的水质标准，可在一定范围内重复使用的非饮用水。使用中水是保护环境、节水的重要途径。就现在的调研数据来看，仅有51.15%的受访者在使用中水，由此可以看出，水的重复和循环使用还有非常大的发展空间。

北京市从1987年就发布了《北京市中水设施建设管理试行办法》（2010年又做了修订），2020年发布了《北京市节水行动实施方案》，该方案要求从农业、公共服务、绿化、工业、建筑、教育等方面开展重点节水行动，包括住宅小区、单位内部的景观环境用水和其他市政非生活用水，必须使用再生水或雨水。我们在此次调查中发现的中水使用率不高的问题可能与管道铺设成本及老旧小区改造进度有关。

②家庭节水习惯（多选题），结果分析如图27-6所示。

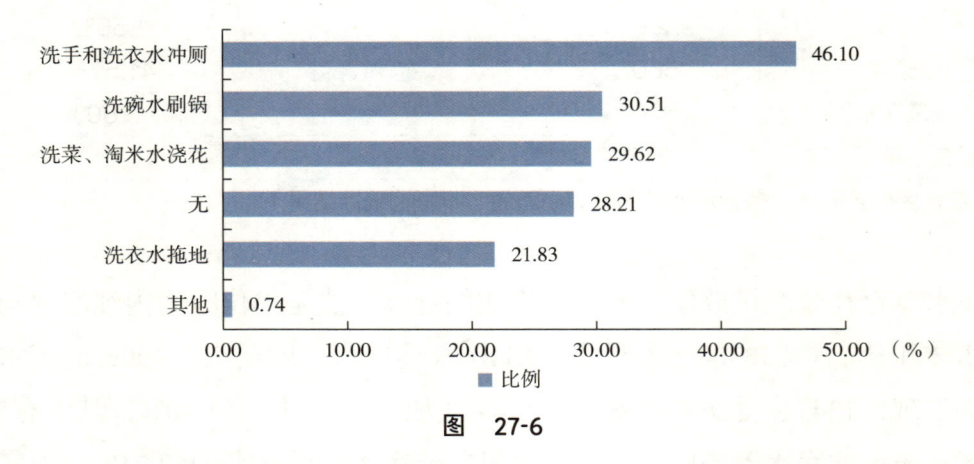

项目	比例(%)
洗手和洗衣水冲厕	46.10
洗碗水刷锅	30.51
洗菜、淘米水浇花	29.62
无	28.21
洗衣水拖地	21.83
其他	0.74

图 27-6

调查显示，七成左右的受访者有日常节水习惯，包括46.10%的受访者会用洗手和洗衣水冲厕，30.51%的受访者会用洗碗水刷锅，21.83%的受访者会用洗衣水拖地，29.62%的受访者会用洗菜、淘米水浇花。此外，还有受访者在"其他"项特别提到"在坐便器水箱中加入装满水的可乐瓶，以减少坐便器水箱容量，减少每次冲水量；养鱼水浇花；用水时关小水龙头；洗脚水冲坐便器"等节水习惯，值得称赞。但令人遗憾的是，380位受访者表示没有任何日常节水习惯，占比28.21%。

（5）家庭用水浪费现象（多选题），结果分析如图27-7所示。

项目	比例(%)
洗手和洗澡期间一直开水龙头	57.68
隔夜饮用水直接倒掉	42.76
流水洗碗、洗菜	41.13
水龙头不关严	26.87
不看天气预报洗车	20.71
洗澡时热水器最初的凉水直接放掉	18.93
无	1.34

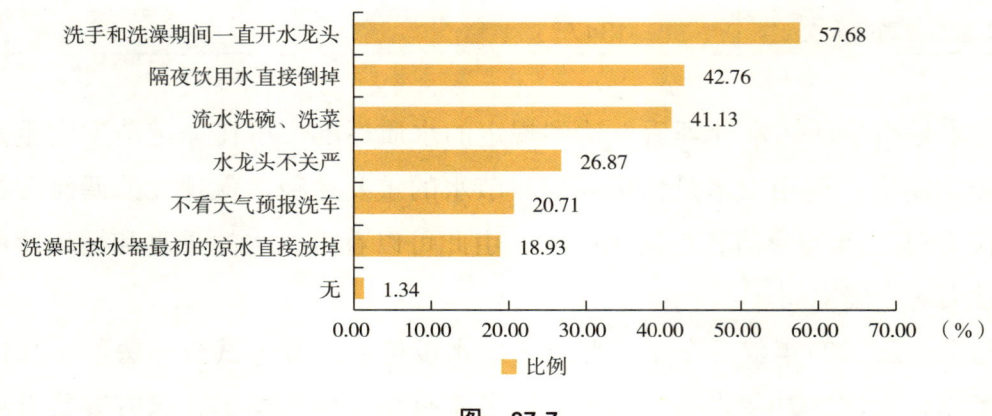

图 27-7

数据显示，98.66%的受访者都表示周围人有用水浪费现象，浪费现象排前三的是：洗手和洗澡期间一直开水龙头，占比57.68%；隔夜饮用水直接倒掉，占比42.76%；流水洗碗、洗菜，占比41.13%。此外还有水龙头不关严、不看天气预报洗车，洗澡时热水器最初的凉水直接放掉等浪费现象。此题只有18个人选"无"，对比节水习惯380人选"无"，可见家庭用水浪费现象相对节水更加普遍，节水习惯有待进一步养成。

（6）公共场所用水浪费现象，结果分析见表27-13和表27-14。

①您认为社会上最费水的现象？结果分析见表27-13。

表 27-13

选项（单选）	小计	比例
瓶装水未喝完就丢弃	541	40.16%
公共场所水龙头或坐便器等滴水、漏水，无人修理	781	57.98%
其他	25	1.86%
本题有效填写人次	1347	

②在单位、学校、商场或家中您是否遇到过水龙头或坐便器"跑冒滴漏"，得不到及时修理的情况？结果分析见表27-14。

表 27-14

选项（单选）	小计	比例
是	705	52.34%
否	642	47.66%
本题有效填写人次	1347	

数据显示，57.98%的受访者认为社会上最费水的现象是"公共场所水龙头或坐便器等滴水、漏水，无人修理"，同时另一个相关问题反馈显示，52.34%的受访者曾在单位、学校、商场等场所遇到过水龙头或坐便器"跑冒滴漏"得不到及时修理的情况，二者得到了相互印证。

另有40.16%的受访者表示社会上最费水的现象是"瓶装水未喝完就丢弃"，这种现象在机关、团体、企事业单位举办会议、培训或开展各项运动时经常出现。"其他"项中有几位受访者反馈"公司物业保洁员长期开着水龙头冲拖把，长达15min以上""健身房客人洗澡超级费水""净水器废水直接倒掉""下雨天洒水车还在洒水"，这些现象在调查问卷反馈结果中属于个例（可能受限于问卷备选项有限），但在生活中应该屡见不鲜，值得关注。

（7）社会节水培训与宣传情况，如图27-8所示。

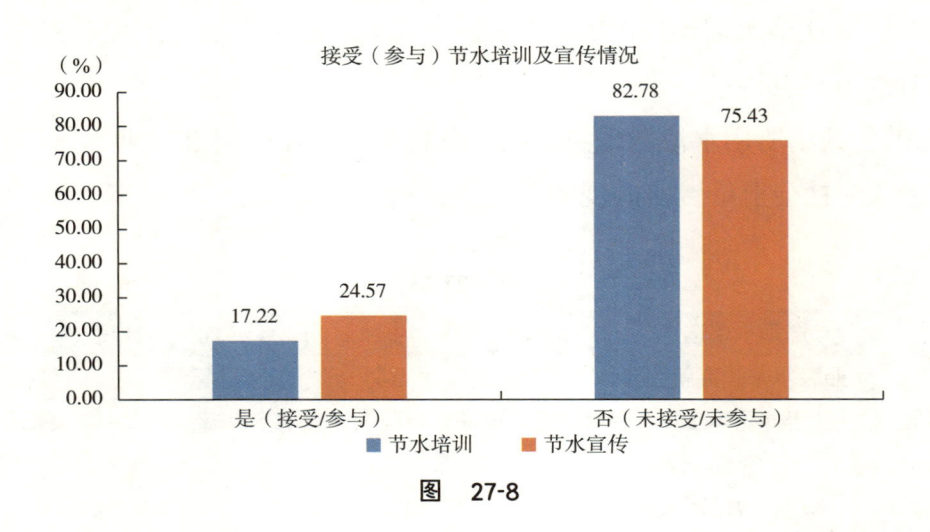

接受（参与）节水培训及宣传情况

图 27-8

从本次城市调研结果来看，虽然当前面临水资源危机，但是社会上的节水培训、宣传方面还存在不足，有82.78%的受访者未接受过节水培训，有75.43%的受访者从未参与过节水宣传活动。在一定程度上，与60.43%受访者对《水效标识管理办法》基本不了解甚至完全不了解的统计结果相印证。

1347位受访者中有1020位在"节水建议"一项填写"无"，占比高达75.72%，侧面反映人们对节水的关注度不高。提出建议的327人中，76人提出"从我做起，从小事做起""从娃娃抓起"或"人人有责"等；63人提出"加强节水宣传与培训，"包括"加强网络平台的宣传""宣传节约用水的好处""公益广告""媒体多宣传，学校多教育，社会多呼吁"等；22人提出"一水多用"；11人提出"大力推广和使用节水型器具"；8人提出"加强中水使用率"；7人提出"保护水资源、保护水源地"等。

3. 实地调查情况

为了更深入地学习节水知识，我们参观了位于北京市大兴区的污水处理厂。我们了解到，污水处理需要统一经过物理、生物、化学等流程进行去污处理，相关机器设备以进口为主。因此家庭进行二次用水循环，不但可以提高污水处理效率，而且可以节约污水处理成本。

与此同时，我们在郊区游、景区游的时候，特别关注了水管"跑冒滴漏"的情况，发现这种现象还是客观存在的，如图27-9所示。

图 27-9

研究结论

调查表明，居民的节水意识、节水习惯、节水措施的落实，特别是对水效标识等政策的认知还有很大改善的空间。

结合研究结论，未来实践中的改进建议如下：

（1）加强宣传助力节水，提升社会关注度，推广具体可行的节水措施。在"世界水日""中国水周"等重要节点在全国开展节水活动，发挥节水展览馆、教育基地等各类教育平台的作用。针对老人、孩子、成年人的不同特点，开展多种多样的宣传活动，如节水课堂走进校园、在公共场所张贴节水海报、社区电梯播放节水动画片和小视频、评选节水能手等，推动人们树立正确的节水意识，推广具体可行的节水办法，培养节水习惯，建设节约型社会。

（2）城市科学规划管理助力节水。如加快中水系统改造，在城市新建、改建和扩建的公共和民用建筑中安装管道，广泛利用再生水；鼓励社区建蓄水池，采集雨水用于绿化，并考虑设计绿化带低于人行道，便于雨水灌溉；同时，雨天禁止道路洒水或浇灌绿地。

（3）科技创新助力节水。研发更多物美价廉的感应式、气体辅助式节水器具，鼓励居民以旧换新，提高使用节水器具的积极性，减少洗车、洗澡、洗手、洗衣过程中对水资源的浪费。推广覆膜滴灌技术，设置自动化灌溉时间，减少水汽蒸发；符合条件的地区可以考虑建设雨水蓄水池，将雨水回收循环利用。

（4）法律法规助力节水。借鉴他国经验，将节水要求列入法律法规，如严格控制地下水开采和水资源利用总量、强制推行节水措施、规范使用水效标识等。对水龙头、洗衣机等生产厂家及洗车房等用水大户尽快实施、推广《水效标识管理办法》，规范线上线下销售环节对水效标识的推介。对企事业单位、酒店、公共厕所等场所规定使用符合节水标准的水龙头、坐便器、淋浴器等。

（5）加强监督助力节水。请有关部门监督落实"节水优先"的政策，明确对用水大户、污水大户和公共场所的考核及奖惩办法，定期检查、巡视，鼓励节水，控制排污，及时制止破坏、污染或浪费水资源的情况。对"跑冒滴漏"现象设置报修电话予以解决，对公共场所浪费水资源情况明确投诉渠道和解决部门，建设良好的节水优先环境。

研究反思

在本次社会调查中我们发出的问卷主要是关于城市用水情况的调查，受访者分布地域广，问卷可信度高，研究结论对居民的节水意识、节水习惯、节水措施的落实等具有较强的指导意义。然而，基于以上研究，我们觉得还应该对农村居民开展用水、节水情况的调查与普及，这样更有利于全力保护水资源。

教师点评

水是生命之源，当代中学生要从自身做起，全力保护水资源。保护水资源的方法之一就是节约用水。人们的节水意识如何？是否关注电器的水效标识？日常生活中如何节水？浪费水的行为主要有哪些？……本案例通过对调查问卷的详尽分析，给出了答案。针对当今社会中浪费水的行为和习惯，研究者从宣传、科技、法律、政府等不同层面给出了切实可行的建议，助力节水。该调查对于唤醒人们的节水意识，具有非常重要的现实意义。

节约用水是我国公民应尽的义务，中学生应当在日常生活和学习中，将节约用水的意识放在第一位，同时要注意提醒和影响身边人。希望研究者们坚持节水宣传，让更多的人主动节水，保护水资源。

成果 28　北京市海淀区义务教育阶段学生新技术学习情况调研——以某九年一贯制学校为例

安令泉

研究背景

我很喜欢学习人工智能、智能汽车、机器人、量子等新技术，非常希望有机会多接触这些方面的知识。我和父母去中国科技馆和中国宋庆龄青少年科技文化交流中心参观时，发现里面的内容比较基础，许多新技术都没有涉及或者没有详细演示讲解。但我在科技馆和同学们聊天时发现，大家对这些新技术都非常好奇；同时，我也发现科技馆里的展品内容有一部分原理知识是可以在青少年科普书、义务教育阶段的理科课本里找到的，也就是说，大部分内容义务教育阶段学生是可以理解的。

所以，我希望调查义务教育阶段中小学学生对新技术的学习情况，提出建议，让大家有更多机会、更早地学习新技术、新知识，为祖国未来发展做好准备。

研究过程

1. 研究方法

（1）文献研究法。

研究时间：2021年9月～10月。

研究对象：《环球时报》、科技新闻、科技报告、国家规划以及《北京市全民科学素质行动规划纲要（2021—2035年）》等重要文献。

研究目的：找出最受关注且适合中小学学生学习、理解的新技术种类。

（2）问卷调查法。

问卷制作和发放方式："问卷星"小程序。

问卷发放和回收时间：2021年10月~11月。

有效问卷数量：收回有效问卷503份。

（3）访谈法。

随机抽取一部分去过科技馆的学生并进行调研，主要问题为对新技术的了解程度、学习新技术的情况和建议。

2. 研究步骤

（1）资料阅读与分析。

我认真阅读了家里订阅的《环球时报》、网上科技类新闻和科技报告，以及《中华人民共和国国民经济和社会发展第十四个五年规划和2035年远景目标纲要》《北京市全民科学素质行动规划纲要（2021—2035年）》等重要文献，找出经常被提到的新的科技热点。

去除重复、不易被中小学学生理解的内容后，我确定了人工智能、虚拟现实、智能驾驶/无人驾驶、机器人/无人机、量子、3D打印、碳捕获与封存、数字货币等8种技术，作为新技术的调研内容。

（2）问卷调查数据与分析。

根据研究目的，我列出了12个调查问题，用"问卷星"制作了问卷，通过微信发到年级科学群，并请家长帮忙转发到有中小学学生或者学生家长的群中，请大家帮助填写。最终，共收回有效答卷503份。主要数据及分析如下：

①调研对象的基本情况。

性别上，男生258人，占51.29%；女生245人，占48.71%。年级上，1~6年级88人，占17.50%；7年级181人，占35.98%；8年级223人，占44.33%；9年级11人，占2.19%。家人有从事新技术相关工作的学生68人，占13.52%。

②调研对象对新技术的了解程度。

问卷将对新技术的了解程度分为5个等级（问题3），对人工智能、智能驾驶/无人驾驶、机器人/无人机、3D打印一点都不知道的人很少，都在8%以下，说明这些新技术已出现一段时间，平时听到或看到的信息较多。对量子技术、碳捕获与封存一点都不知道的分别为31.81%和48.11%，说明这两种技术还比较新，知道的人偏少，如图28-1所示。

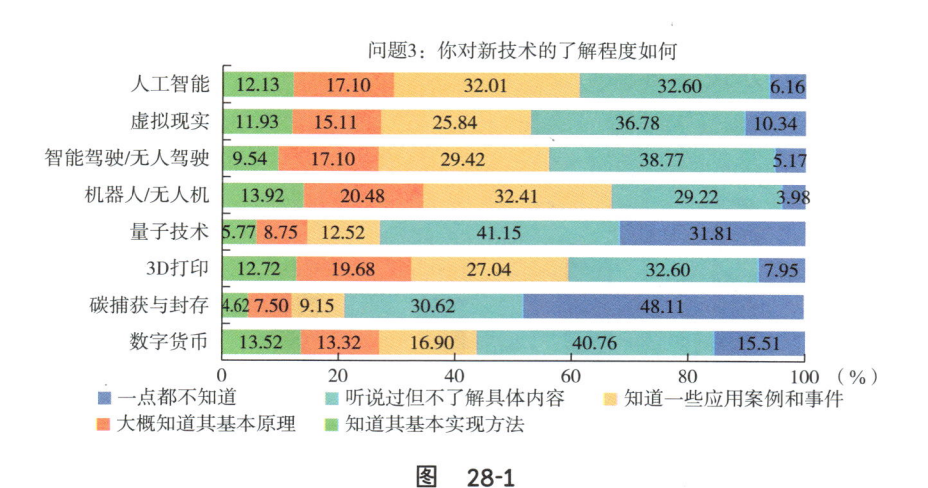

问题3：你对新技术的了解程度如何

技术	一点都不知道	听说过但不了解具体内容	知道一些应用案例和事件	大概知道其基本原理	知道其基本实现方法
人工智能	12.13	17.10	32.01	32.60	6.16
虚拟现实	11.93	15.11	25.84	36.78	10.34
智能驾驶/无人驾驶	9.54	17.10	29.42	38.77	5.17
机器人/无人机	13.92	20.48	32.41	29.22	3.98
量子技术	5.77	8.75	12.52	41.15	31.81
3D打印	12.72	19.68	27.04	32.60	7.95
碳捕获与封存	4.62	7.50	9.15	30.62	48.11
数字货币	13.52	13.32	16.90	40.76	15.51

图 28-1

（注：因四舍五入，各分项与总和有微小差值，不影响统计结果）

从新闻了解到，除量子技术外，北京冬奥会使用了问卷提到的所有新技术。但有35.98%的人对北京冬奥会新技术应用情况完全不知道，如图28-2所示。即使是选择最多的"人工智能"，也仅有58.25%（问题11）的人知道。说明这方面的宣传还不够。

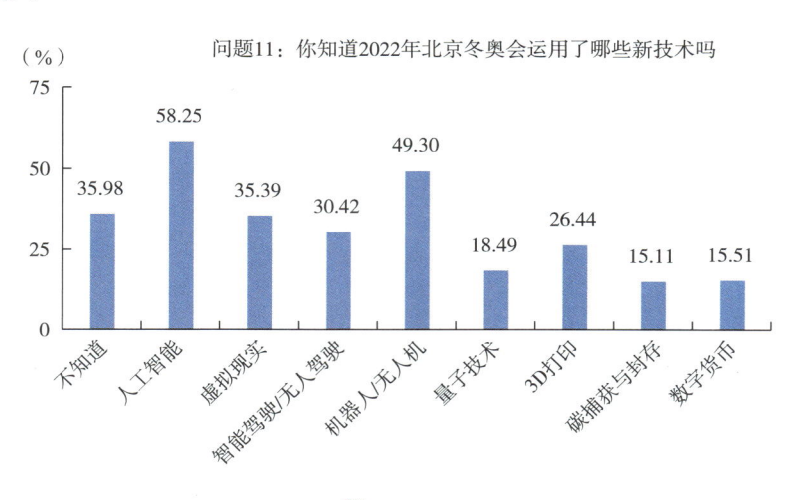

问题11：你知道2022年北京冬奥会运用了哪些新技术吗

选项	百分比(%)
不知道	35.98
人工智能	58.25
虚拟现实	35.39
智能驾驶/无人驾驶	30.42
机器人/无人机	49.30
量子技术	18.49
3D打印	26.44
碳捕获与封存	15.11
数字货币	15.51

图 28-2

（注：多选题）

③调研对象对新技术的学习方式。

从"通过哪些渠道/方式学习"（问题5）的答案看，如图28-3所示：绝大多数人通过新闻媒体学习（84.29%），这是学生了解新技术的主要方式；阅读科普读物和听家人朋友讲述的超过一半，分别是67.2%和53.08%。通过博物馆参观学习的为49.11%。通过学校教学学习的比例最低，为47.51%。说明学生主要是靠学校教育之外的方式学习。

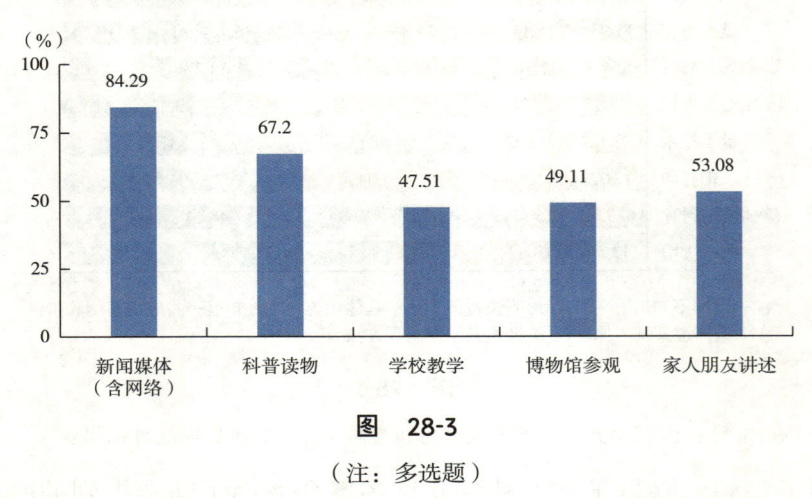

图 28-3

（注：多选题）

关于"学校是否开设了相关课程或举办过相关活动"（问题6），如图28-4所示：选择"开设过兴趣小组"的占比达到63.22%，其他各项均在41%以下，而且有17.89%的人说学校没有任何相关课程或活动。这说明学校中的新技术学习主要是学生自发进行的。

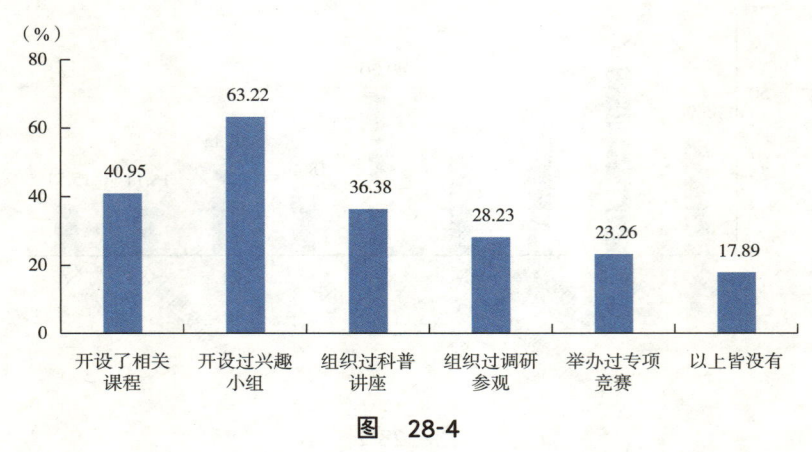

图 28-4

（注：多选题）

④调研对象对新技术的学习期望。

对于"如果学校就新技术举办课程或活动，你有兴趣参加吗"（问题7），见表28-1，选择"非常有兴趣"和"有兴趣"的共占90.85%，再次说明中小学学生对新技术很感兴趣。

表 28-1

选项（单选）	小计	比例
非常有兴趣	292	58.05%
有兴趣	165	32.80%
一般	36	7.16%
不太有兴趣	7	1.39%
没有兴趣	3	0.60%

对于最想深入学习的内容（问题4），如图28-5所示："人工智能""虚拟现实""机器人/无人机"三个选项占比都超过了50%，其他均低于30%。与问题3呼应，说明对于最经常听到、看到的技术，有更多人想深入学习。

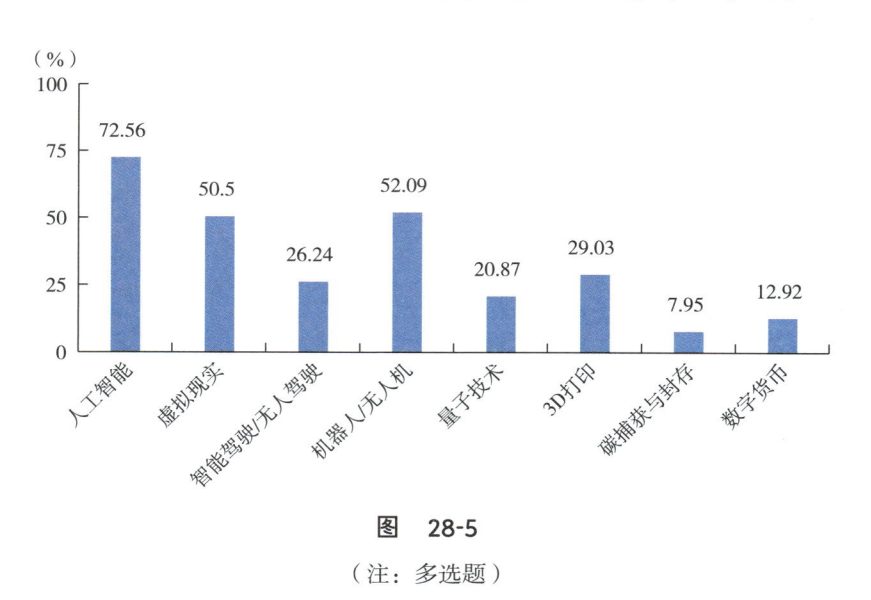

图 28-5

（注：多选题）

对于想在学校怎么学习（问题8），见表28-2，绝大多数选项选择比例都超过55%，其中"提供实验环境"和"开设兴趣小组"均超过73%，只有"研发原型样品"低于45%，说明学生希望通过多种方式进行学习，但对做出实际样品的兴趣度不高。

表 28-2

选项（多选）	小计	比例
开设课程	348	69.18%
提供实验环境	376	74.75%
提供学习资料	287	57.06%
开设兴趣小组	368	73.16%
提供专门教师	281	55.86%
组织现场参观	350	69.58%
组织应用体验	329	65.41%
研发原型样品	226	44.93%

"对新技术希望学习了解到什么程度"（问题9）中，见表28-3，除选项"了解技术细节"外，其他选项的占比都差不多，说明学生对新技术的学习目前还只是想达到初步了解的程度。

表 28-3

选项（单选）	小计	比例
了解技术概念	114	22.66%
了解应用案例和事件	102	20.28%
了解技术基本原理	119	23.66%
了解技术细节	35	6.96%
掌握基本实现方法	133	26.44%

研究结论

根据调查结果，义务教育阶段学生对新技术的了解有一定基础，但学习程度还不够。要满足学生的学习意愿，需要解决以下三方面问题：

（1）对新技术发展应用宣传不够。科技是第一生产力，中小学学生了解和掌握新技术的进展，对激发他们的科技意识、创新意识非常重要。对新技术的发展和应用宣传不够，导致学生对新技术知识和应用情况掌握不多。特别是北京冬奥会等重大活动已经使用了很多新技术，但大家并不知道。

（2）学校对新技术教学安排不多。特别是目前这方面的课程和实验室等学习条件还比较少，需要增加。如开展相关的选修课，可在课后服务时间组成兴趣小组。

（3）对学生的学习需要考虑不足。包括希望学习的内容、学习的方式、学习的程度，在国家常规课程教学之外，应当根据需要有针对性地安排兴趣类课程。

根据《北京市全民科学素质行动规划纲要（2021—2035年）》，北京市在"十四五"时期将实施6项重点工程，其中3项重点工程为科技资源科普化工程、科普智慧提升工程、科普基础设施建设工程。结合3项重点工程，建议学校、科普机构、政府、家长根据学生年级、学习强度共同加强对义务教育阶段学生新技术学习的安排。

（1）学校应结合学生实际，设立学习课程、提供实验环境、开设兴趣小组，也可以组织现场参观和应用体验（可以根据实际情况适当进行调整）。根据中小学学生的知识水平以及各年级的能力范围，重点增加实际应用案例讲解，使义务教育阶段的学生知道新技术的应用范围和应用效果。

（2）科普机构应及时更新博物馆、青少年活动中心的展览演示内容，将新技术加入其中，让学生能够体验人工智能、智能汽车、机器人、虚拟现实等技术和应用。

（3）政府应加强校内校外资源的融合，组织面向中小学学生的新技术普及教育。比如，可以组织中小学学生参观北京冬奥会场馆，或者在电视、网站上讲授北京冬奥会使用了哪些技术、具体怎么使用的、得到了什么效果。

（4）家长应发挥家庭教育的功能。与学生共同学习新技术，经常一起阅读科技文章，与学生多讨论。从事新技术相关工作的家长可以为学校组织学生现场参观和体验应用提供帮助。

研究反思

基于以上研究，我感受到日常阅读积累、与家长老师讨论都非常重要，这些能够帮助我增长知识，让我掌握更多第一手资料，为调查研究提供参考。在研究过程中，我开拓了思路，扩大了视野，学习到分析问题的方法和角度，对许多问题有了更多的思考。我希望今后能有更多的机会开展调查研究活动。

教师点评

少年强，则国强！本案例选题的切入点非常好。作为中学生，研究者从自己的爱好和参加的实践活动出发，对义务教育阶段学生进行问卷调查，了解学生对新技术的知晓和掌握情况。基于真实数据，从学校、科普机构、政府、家长等不同角度提出建议，以期让大家有更多机会、更早地学习新技术、新知识，为祖国未来发展做好准备。对于本研究中的调查问卷，若受访者范围再广泛一些，调查效度会更高，更具有说服力。

成果29 对北京市某小区垃圾分类的优化方案设计与研究

周昊霖

研究背景

生活垃圾的处理对于城市环境治理有重要意义：降低土地占用率，减少垃圾处理量；减少塑料或有害物质进入自然界，减少垃圾对水、土壤、大气的污染风险；垃圾回收利用，变废为宝。

2020年5月1日开始，我家所在的小区推行了垃圾分类。从以前的随时随地倒垃圾，变成了定时定点倒垃圾。但是新的问题也产生了，有的垃圾站点垃圾桶不足，一到晚上，垃圾桶就满了，地上也堆了垃圾。

后来，我去了周边的一些小区，也发现了类似的问题。小区的垃圾分类不是仅仅放几个分类垃圾桶就可以了。我想，能否进行详细调查，找到解决小区垃圾分类问题的办法。

研究过程

1. 研究方法

针对小区分类垃圾桶设置不合理、垃圾清理不及时、小区环境脏乱差的现象，我采取了实地考察和问卷调查的方法，并进行了统计和分析。

（1）实地考察。

时间：2020年7月~8月。

地点：小区内的垃圾站点。

目的：考察小区垃圾站点数量、分类垃圾桶的使用情况和住户数量，搜集资料，为建议提供科学依据。

（2）问卷调查。

问卷发放方式："问卷星"小程序。

问卷发放及回收时间：2020年8月发放，2020年10月回收。

问卷发放数量：本小区收回有效问卷27份；其他小区收回有效问卷165份。

2. 研究步骤

（1）实地研究及考察。

我们小区内住户数量及分布如图29-1所示。根据分布图和实地考察发现，小区内共有楼房18栋，每栋4个单元，每单元有15户，合计1080户。

小区内垃圾站点的位置及垃圾桶的数量：小区内共5个垃圾站点，垃圾点的位置如图29-1红色标记所示，垃圾桶分配见表29-1。

图 29-1

小区基本信息：
小区共18栋楼
每栋楼4个单元
每个单元15户
每栋楼60户
小区共1080户

垃圾站点基本信息：
共5个，2个大的，3个小的
（红色序号为垃圾站点）

表 29-1

垃圾站点	厨余垃圾桶（个）	可回收垃圾桶（个）	其他垃圾桶（个）	有害垃圾桶（个）
1号站	无（固定时间摆放）	1	2	无
2号站	无（固定时间摆放）	1	5	无
3号站	2	1	4	1
4号站	2~3	1	4	1
5号站	无	1	2	无

我拍摄的垃圾站点照片，如图29-2所示。

（2）本小区的问卷调查数据及分析。

我制作了调查问卷，采取随机抽样法发给居民。主要数据及分析如下：

①您每天倒垃圾的时间段？结果分析如图29-3所示。

分析：倒垃圾的高峰期为17：00～19：00和19：00～21：00。

②您一般在哪个垃圾站点倒垃圾？结果分析如图29-4所示。

图 29-2

12:00~15:00
18%

17:00~19:00
37%

9:00
15%

19:00~21:00
30%

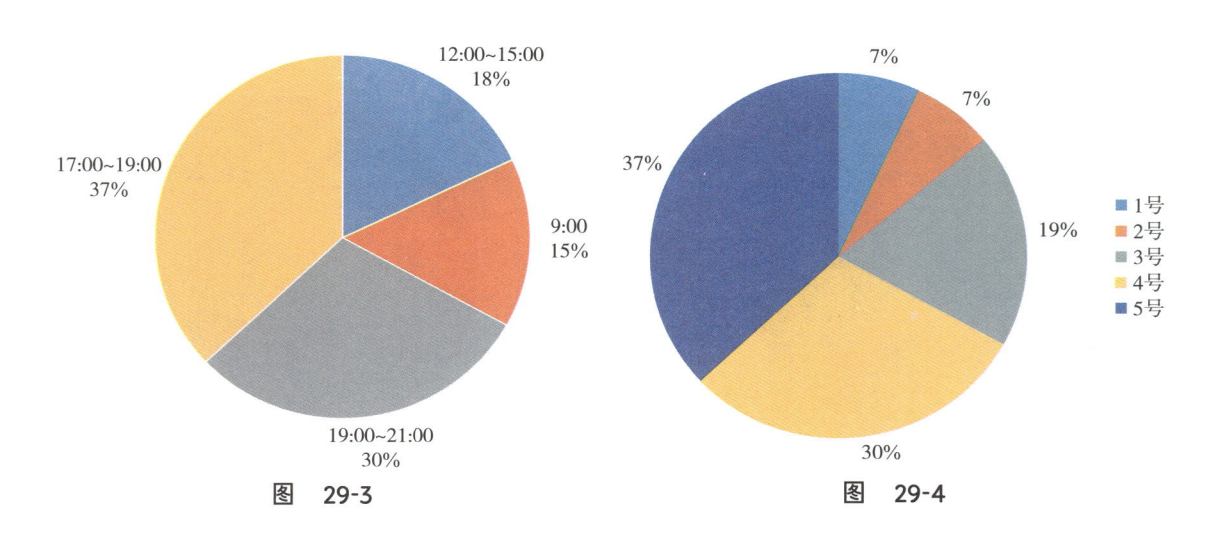

图 29-3

7%
7%
37%
19%
30%

1号
2号
3号
4号
5号

图 29-4

分析：4号垃圾站点在小区的西门附近，居民在此倒垃圾最多，每到晚上，地上、桶里堆满各种垃圾，垃圾非常多。

③您遇到过垃圾堆到垃圾桶外的情况吗？结果分析如图29-5所示。

④您认为小区的垃圾分类工作哪里需要改进？如垃圾桶设置地点、厨余垃圾的收集时间等。

分析：需要改进的地方包括设置点分布不合理、厨余垃圾桶少、垃圾未及时清理、垃圾桶设在小区进门后的路口（不利于整洁美观）等。

（3）其他小区的问卷调查数据及分析。

接下来我扩大了问卷调查范围，调研了周边多个小区，如：紫金长安、万寿园、复兴路61号、今日家园、远洋山水等，分析如下：

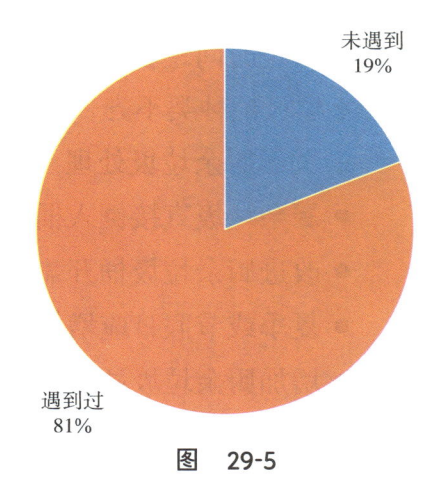

①您每天倒垃圾的时间段？结果分析如图29-6所示。

②您遇到过垃圾堆到垃圾桶外的情况吗？结果分析如图29-7所示。

分析：部分小区的垃圾站点和垃圾桶的摆放数量或时间需要调整。

③您认为小区的垃圾分类工作哪里需要改进？如垃圾桶设置地点、厨余垃圾的收集时间等。

未遇到
19%

遇到过
81%

图 29-5

图 29-6

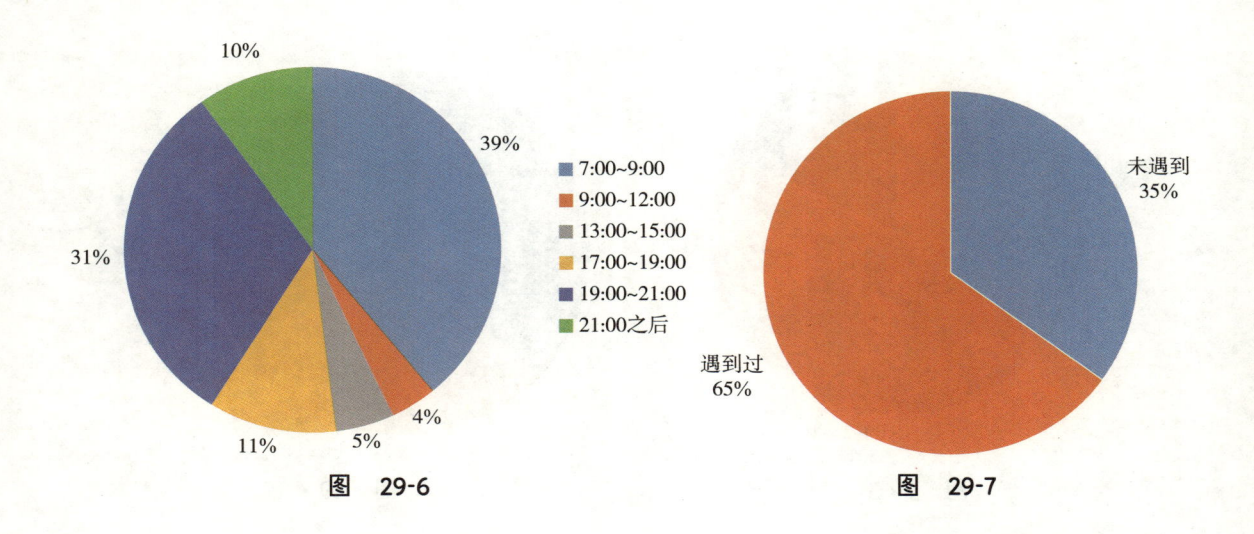

- 7:00~9:00
- 9:00~12:00
- 13:00~15:00
- 17:00~19:00
- 19:00~21:00
- 21:00之后

39%、31%、11%、5%、4%、10%

图 29-7

未遇到 35%
遇到过 65%

分析：分类整理了问卷填写者的意见或建议：

◎关于垃圾桶数量

● 可回收垃圾桶少。

● 特定时间垃圾桶少。如周末垃圾多，收集不及时。

● 垃圾桶种类不齐，其他垃圾或有害垃圾桶不足。

◎关于厨余垃圾处理

● 厨余垃圾直接倒入桶里，味道大，应有专门的袋子。

● 改进厨余垃圾桶开盖方法。

● 夏季或节假日应增加厨余垃圾清理次数。

● 增加厨余垃圾站点。

◎关于垃圾站点及清理

● 地点需要合理优化，增设垃圾站点。

● 注意垃圾桶周边环境及卫生。

研究结论

根据调研结果，小区垃圾分类存在着管理不精细、缺乏科学和多样化手段等共同问题。具体来说，表现在以下几个方面：

（1）垃圾桶按照居民楼的布局平均分布，没有考虑居民楼居民一般上班或者出门时顺便倒垃圾的习惯，这样容易造成小区门口垃圾站点爆满，溢出垃圾桶外。

（2）没有考虑居民倒垃圾的高峰时间而及时清理垃圾，容易造成垃圾桶旁边环境差。

（3）关于厨余垃圾处理问题，如厨余垃圾直接倒入桶里，味道大，厨余垃圾桶开盖容易弄脏居民的手，夏季或节假日厨余垃圾清理不及时，容易滋生细菌、引来苍蝇等。

（4）垃圾桶种类不全的问题。

环卫中心、居委会、物业公司、物资回收公司等需要实地考察，深入了解小区垃圾分类管理存在问题，制定可行的精细化解决方案。具体建议如下：

（1）市（区）环卫中心。

①建议设计和生产厨余专用垃圾桶。这种垃圾桶应密封，只进不出，避免开合垃圾桶造成污染。由环卫中心拉走多少厨余垃圾桶，就返回多少清理干净的厨余垃圾桶，类似于空啤酒瓶换啤酒的道理。

②建议使用（或以奖励等方式发放）可降解的厨余垃圾袋，解决居民倒厨余垃圾时拆分塑料袋的困扰。或制作再生纸袋子装厨余垃圾，居民可直接投放到垃圾桶里。

③建议开发垃圾回收预约APP，居民可预约大件物品等特殊垃圾（如废旧家具等）的定点定时回收，避免老旧小区的乱扔、乱放现象。

④建议利用互联网、大数据、人工智能等技术，考虑使用智能垃圾桶和垃圾分类智能平台。智能监测投放数据，对不文明行为智能监控。

（2）小区居委会。

①建议采用灵活方式监督和考核物业管理公司。如：利用网络、小程序调查问卷、抽查、居民举报等方式。

②建议安排志愿者，大力宣传、培训和引导垃圾分类工作。

（3）物业公司。

①针对厨余垃圾清理不及时、垃圾易发酵腐烂以及有异味等问题，建议物业公司根据实际情况增加清理次数和时间，尤其在夏季或者周末厨余垃圾增多时，应及时清理厨余垃圾桶。例如可以由一天2次改为一天4次。

②针对厨余垃圾桶的摆放时间、位置不合理和数量不足，造成垃圾外溢、污染环境等问题，建议小区物业调研居民投放垃圾的实际情况，在投放高峰段（早上9点前、晚上19点～21点），按照居民比例增加厨余垃圾桶的数量和投放站点。

（4）市（区）物资回收公司。

①针对可回收垃圾，为了提高居民垃圾分类的积极性，建议使用智能可回收垃圾桶，进行积分奖励、积分兑换等活动。

②对垃圾分类做得好的小区进行奖励。

（5）小区居民。

建议有条件的小区鼓励居民安装家庭厨余垃圾处理机，及时粉碎厨余垃圾。

研究反思

在此次方案设计与研究过程中，我深深感受到了实地考察、问卷调查非常重要，它们让我掌握了第一手资料，它们是方案设计与研究的基础。在统计分析调查问卷、查阅资料、总结提炼以及文档撰写过程中，我锻炼了思维、开阔了视野，增长了知识。我希望今后能有更多的机会开展类似的研究活动。

教师点评

2020年垃圾分类成了全国人民关注的热点问题之一。垃圾怎么分类？垃圾桶怎么放？周昊霖同学的研究看似很普通，但是研究过程很规范，很扎实，很严谨。他的这个研究是在2020年暑假进行的，那时社团组织了线上小课题研究课程的教学活动，在老师的带领下，周昊霖同学一步一个脚印，认真记录日记，每次都坚持打卡上交作业，这是他认真严谨的一个表现，这样的学习、研究态度，一定能够成就他的未来！

成果 30　关于完善视力障碍人士公共设施的社会实践活动

林益萱　张昊岳

研究背景

我们的学校（育英学校）具有悠久的历史和红色文化积淀。学校从小就教育我们要铭记"祖国、真理、责任"，要从小锻炼本领，将来才能为国家、社会作贡献，成为"关心社稷，勇于担当"的国家栋梁。学校为我们搭建了很多的平台，如：鼓励我们与志同道合的小伙伴一起组建社团，开展丰富多彩的社团活动，在社团活动中开阔视野、丰富知识、陶冶情操、培养技能，锻炼自己多方面的能力。

我们组建的"科技环保志愿社团"隶属于"自主发展社团志愿课程联盟"，是由21位来自不同年级的同学组成的中小型社团组织。"科技环保志愿社团"活动的主要内容是通过组织社员参与一系列的环保志愿活动、开展"科技环保"小发明及环保小制作展示等，树立环保意识；通过观察、调研、走访等形式发现身边生活中的环保问题，并通过撰写科学建议、调研报告等社会实践活动为社会发展建言献策。目前社团已经组织过"环保宣传进社区""公园环保小卫士""向餐饮浪费说'不'""水资源调查"等多项社会实践活动。

本次科技实践活动源于科技环保志愿社团第一小组的同学在日常生活中的发现。据报道，中国的视力障碍人士有1700多万，但是同学们通过观察发现，在公共场合很少见到视力障碍人士。人行道上的盲道方砖总是有缺损，盲道经常被占用，有些盲道指向不明，公共场所很少有盲道指示标识，公共卫生间也没有可供盲人用来区分性别的标识等问题，是不是影响视力障碍人士出行的主要原因呢？怎样才能保障他们的安心出行呢？

我们带着这些问题，进行了深入的调查研究，根据实际情况提出了相关问题的解决方案。希望这项研究可以切实帮助到视力障碍人士，让他们安心出行，使他们的生活更加便捷，提升他们的幸福感。同时我们也想通过这样的方式，呼吁全社会关注、关心那些视障群体，给予他们更多方便，让他们平等地享受公民权利，从而也为推动社会发展贡献一份自己的微薄之力。

研究过程

1. 研究方法

为了保证实践活动的科学性和实效性，我们通过查阅相关法律法规、实地考察、问卷调查、街道部门寻访等方式进行调研。

2. 研究计划及步骤

制订研究计划，见表30-1。

表 30-1

阶段	时间	调查内容
第一阶段 针对实际问题开展问卷调查，并对问卷数据进行汇总分析	9月初	查阅法律法规 实地考察、汇总问题
	9月中旬	设计问卷并通过"问卷星"小程序开展线上调查，进行线下随机问卷调查（其中要包括视力障碍于人士）
	9月底	针对问卷数据进行汇总分析
第二阶段 街道部门寻访及问题汇总	10月初	街道部门寻访及问题汇总
第三阶段 汇总前期调研数据	10月中下旬	将前期线上和线下调研数据进行汇总，梳理问题及解决办法
第四阶段 撰写调查报告	11月	在之前数据统计分析基础上，在老师指导下撰写调查报告

（1）查阅相关法律法规。

我们首先利用社团活动时间，一起查阅了与"视力障碍人士公共设施"相关的法律法规，了解目前国家的相关规定，以便有法可依地开展调查活动。

以下是我们查阅的相关的国家法律法规内容节选：

《中华人民共和国道路安全交通法》（2021修订）第三十四条规定：城市主要道路的人行道，应当按照规划设置盲道。盲道的设置应当符合国家标准。

关于盲道设置的国家标准，住建部《无障碍设计规范》（GB50763—2012）规定，盲道铺设应连续，应避开树木（穴）、电线杆、拉线等障碍物，其他设施不得占用盲道；盲道的颜色应与相邻的人行道铺面的颜色形成对比，并与周围景观相协调，宜采用中黄色。

（2）实地考察。

9月初，我们利用周末时间在北京市海淀区万寿路西街、玉渊潭南路、万寿路、西翠路这几条街巷，分早、中、晚3个时段进行观察并拍照取证。在几天的调查过程中，我们发现除1名盲人按摩师利用店前50m盲道活动身体外，再未发现视力障碍人士出行。但发现违规占用盲道的行为数起，还发现有些盲道的设置不太规范，如图30-1所示。

| 仅有的1名盲人 | 占用盲道行为 | 盲道中断处提示不清 |

图 30-1

表30-2是以2021年9月11日为例，列出了不同时段占用盲道现象的统计数据。

表 30-2

地点	早（8：00～9：00）	中（12：00～13：00）	晚（18：00～19：00）
万寿路	发现占用盲道3处	发现占用盲道4处	发现占用盲道4处
万寿路西街	发现占用盲道5处	发现占用盲道7处	发现占用盲道5处

（续）

地点	早（8:00~9:00）	中（12:00~13:00）	晚（18:00~19:00）
西翠路	发现占用盲道3处	发现占用盲道3处	发现占用盲道3处
玉渊潭南路	发现占用盲道1处	发现占用盲道3处	发现占用盲道3处

（3）问卷调查。

2021年9月13日，我们设计了关于"盲道"的问卷，并分别通过线下、线上进行问卷调查，然后进行了数据统计分析。

线下调查人群为路上行人、在校学生、社区盲人；线上调查人群为"问卷星"小程序网络开放用户。

从线上和线下回收的问卷统计结果看：大多数人对盲道的功能比较了解且认为盲道对视力障碍人士有作用；人行道上基本上都设置了盲道；盲道被占用现象及破损情况较多；受访者表示，很少看到视力障碍人士使用盲道，他们认为"针对视力障碍人士的公共设施不完善或者盲道被占用、阻挡"等是主要原因。

为了让调查数据更科学，我们在街道工作人员的帮助下，特别针对几位视力障碍人士进行了问卷调研。从问卷反馈上看出了他们不敢单独出门的原因：盲道上阻挡行进的物品太多；盲道规划不合理，经常得绕路；盲道不是按照视力障碍人士的需要安装，有些地方盲道覆盖率比较低；盲道在拐弯处的标志不明显，不知道往哪边拐……另外，视力障碍人士还表示在出行的时候，去公共厕所无法区分男女、无法通过现有站牌确认他们要乘坐的公共交通工具、无法通过现有盲道等公共设施找到他们去医院的路、在医院和银行等场所因为没有语音提示设施给他们带来很大不便等，都是他们出行面临的大问题。

（4）街道部门寻访。

2021年10月初，为了使建议更科学合理，更符合视力障碍人士的实际需求，我们在社区工作人员的帮助下，走访了一些视力障碍人士，听取了他们在出行方面的困难和他们对完善视力障碍人士公共设施的想法。

以下是采访记录：

访谈时间：2021年10月23日。

访谈人：科技环保志愿社团第一小组。

被访谈人：视力障碍人士（二级）。

问：您了解盲道的作用吗？

答：了解。

问：您觉得盲道对盲人或者说视力障碍人士的作用大吗？

答：一般，好像没有太大作用。

问：为什么呢？

答：一是盲道经常被占用，像一些骑自行车的，还有一些行人都会走在盲道上，有些人还在盲道上放东西。还有盲道设施也不是特别完善，有些地方都没有盲道，像是拐弯的地方、路口，盲道就断了。

问：那关于盲道设施的完善您有什么建议吗？

答：其实像现在科技这么发达了，能不能做些有声音提示的，盲人因为看不见，主要靠声音分辨。

问：您平时经常一个人出门吗？

答：不怎么出门。

问：您觉得视力障碍人士不敢单独出门的主要原因是什么？

答：因为看不见啊，所以很少出门，不方便。

问：您能说说有哪些具体不方便的地方吗？或是您有什么需求？

答：比如说坐公交车，站牌都比较高，很暗，字很小，分辨不清楚，像站牌是不是能有个灯，弄亮一些。再有公交车来了如果不报站，也不知道是几路车。还有去超市买东西，也是看不清楚包装，特别是生产日期，字太小，是不是能印大点字。差不多就是这些。

好的，非常感谢您！

之后我们又访问了一位视力障碍人士，他提出了以下几点需求和建议：盲道在拐弯处的标志不明显，不知道往哪边拐是去哪里，建议在盲道拐弯处设置提示，提示不同方向的去处；公共厕所应设置便于盲人区分"男女"边的导引提示，厕所里面也应该安装便于盲人识别的安全扶手；医院挂号时需要手机挂号，对于视力不好的人来说用手机操作很不方便，这就造成了挂号难，希望增加专门针对盲人使用的语音功能区。

针对访谈总结，我们梳理出以下建议：加强公众宣传，比如普及盲道的作用等，呼吁普通人骑车、行走时不要占用盲道，更不要将车辆、障碍物等摆放在盲道上；完善盲道设施和整体规划，路口、道路拐弯处增加标识，对破损盲道及时修复；公交车站站牌在设计上应更加关注视力残疾人的需求，从配色、灯光方面使之更加显目，增加盲文提示或声音引导；重要公共场所应提供视力残疾人辅助用具，如放大镜，增加声音引导；公共厕所增加入口处的性别导引设施，并增加专用安全扶手；医院看病挂号时，需要使用手机扫码，这样盲人使用起来十分不方便，建议增加盲人专用的语音功能区。

研究结论

通过两个多月的调查研究，我们发现视力障碍人士公共设施不完善、相关部门责任落实不到位及公民文明素养有待提升等问题，严重影响了视力障碍人士的出行安全。

为提高盲道的安全使用率，完善视力障碍人士公共设施，使视力障碍人士正常出行，享受美好生活，在汇总受访者提出的建议基础上，我们组织召开了社团交流会，大家经过热烈讨论，提出以下科学建议：

（1）希望政府部门加强管理，做好整体规划，完善视力障碍人士公共设施，如图30-2所示。

图 30-2

（2）希望盲道设计者、建设者、维护者站在视力障碍人士角度考虑问题，能够借助科技的力量完善盲道设施，如：给盲道加装智能系统，增加定位感应语音提示功能，在路口、道路拐弯处增加标识等，如图30-3所示。

（3）希望施工单位严格按照国家制定的标准施工（目前盲道下陷、盲道地砖质量不合格等问题非常严重）。盲道铺设应连续设计，应避开树

图 30-3

木、电线杆、井盖等障碍物，盲道尽量靠边放置，建议配备专用扶手类安全设施，如图30-4所示，在盲道拐弯处应设立明显的方向性指示标识。另外，建议设立专门的巡视员，加强盲道维护，对破损盲道及时修复。

图 30-4

（4）建议街道、社区、学校等单位加强公众宣传。希望公民提高公共意识，呼吁普通人骑车、行走时不要占用盲道，更不要将车辆、障碍物等摆放在盲道上，让盲道能真正有效利用。

（5）建议公交车站站牌在设计上更加关注视力障碍人士的需求，从配色、灯光方面使之更加显目，增加盲文提示或声音引导，如图30-5所示。

图 30-5

（6）建议在重要公共场所（包括公共厕所）增加盲文提示或语音引导，如图30-6所示，为视力障碍人士提供辅助用具，如放大镜等，放大镜的倍数应满足视力障碍人士的需要；公共厕所增加入口处的性别导引设施，并增加专用安全扶手。

图 30-6

（7）建议医院在挂号窗口附近增加盲人专用的语音功能区。

（8）希望执法部门能够严格执法，依据法律法规对破坏、损坏及影响视力障碍人士使用公共设施的行为进行处罚；倡导公民利用"违规拍照"（随手拍）等形式和技术手段及时举报，便于执法部门严格执法。

希望有关部门对上述建议予以采纳，让视力障碍人士尽可能受益，让视力障碍人士可以安心出行，提升他们的幸福感。

研究反思

通过实地考察，我们发现了很多视力障碍人士公共设施不完善和遭到破坏或占用等问题背后的原因；通过调查走访，我们切身感受到了视力残障人士的出行困难与实际需求，这些激发了我们的责任感和帮助视力残障人士解决问题的勇气。通过查阅资料、调查走访，锻炼了我们从多角度了解问题、沟通表达及辩证思考问题、解决问题的能力。通过整理受访者提出的建议，我们还了解了多方面的知识，学会了如何提出科学有效的建议。此外，我们在帮助他人，为社会服务的过程中还学会了如何做更好的自己，收获真的很大。希望我们的调查实践活动及科学建议能够切实帮助到需要的人。

教师点评

我们每个人每天都要走路，但是马路上的"盲道"，并不是所有人都了解的。林益萱同学结合学校的实践活动，开展社会调查，关注"视力障碍人士公共设施"完善情况。她应用调查问卷、实地考察、查阅法律法规、访谈等方式，调查人们对盲道的认识、视力障碍人士在使用公共设施中存在的问题以及他们的需求。结合调查情况，为提高盲道的安全使用率、完善视力障碍人士公共设施、使视力障碍人士正常出行，提出了合理的科学建议。